# 1등 중국어 단어장

OLD STAIRS

## 펴내는 글

"물고기들이 미끼만 쏙 빼먹고 도망갔네!"

어릴 적, 물가에 놀러 간 저는 아빠와 삼촌의 대화를 엿듣고 있었습니다. 그 당시 저는 아직 '미끼'라는 말이 무슨 뜻인지 몰랐죠. 하지만 '물고기'라는 말은 알았습니다. 그 덕분에 '미끼'라는 단어를 힘들이지 않고 순식간에 습득할 수 있었죠. 중요한 것은, 이 일화 속에 우리가 단어를 배우는 메커니즘이 담겨 있다는 사실입니다.

"가방이 重해! 뭐가 이렇게 많이 들어있어?"

이 책의 암기 방식이 가진 유사한 메커니즘이 보이시나요? 책 속의 대사는 일부 단어들이 중국어로 바뀌어 있습니다. 그래서 우리는 먼저 잘 아는 한국어로 문맥을 파악한 뒤, 몰랐던 단어의 뜻을 자연스럽게 유추하고, 마지막으로 내가 유추한 뜻이 맞는지 확인하는 세 단계를 거치게 됩니다. 단어를 하나씩 떼어놓고 달달 외우는 것과는 근본부터 다른 방식입니다.

이런 방식이 정말 효과적이냐고요? 그렇다면 실제 중국인들이 단어를 어떻게 외웠을지 한번 상상해 보세요. 사실 그들도 우리와 똑같다는 사실을 깨닫게 될 겁니다. 우리가 어디 한국어 단어를 하나부터 열까지 달달 외웠던가요? 우리 역시 주어진 상황 속에 새로운 단어를 배치해 가면서, 어려운 단어까지 자연스럽게 흡수해왔던 것입니다. 저희가 '퀴즈 암기법'이라 부르는 이 방식은 중국어가 모국어(母國語)가 아니더라도 따라 할 수 있는 최적의 학습법입니다.

또한, 만화 속에 주어진 상황에 자신을 이입하면서 중국어 단어들을 머릿속에 있는 경험의 영역으로 보내게 됩니다. 이러한 과정을 통해 단어의 의미와 용법을 한 번에 파악하게 되면 적은 노력으로도 오랫동안 기억할 수 있습니다. 이제 부담 없이 책을 펼쳐보세요. 어느새 1,400개의 단어를 자신의 것으로 만들게 될 테니까요.

# 이 책을 보는 법

**1** 문장 속 단어를 보고
뜻을 유추하고...!

으악, 왜 이렇게
等候줄이 길어!
이러다가 飞机에
못 타는 거 아냐?

等候 : 대기
**děng hòu** 덩 허우

手提包 : 손가방
**shǒu tí bāo** 셔우 티 빠오

飞机 : 비행기
**fēi jī** 페이 찌

家 : 집
**jiā** 찌아

**2** 답을 확인하면
머릿속에 쏙쏙!!

자, 그럼 떠나볼까?

# 차례

# 00 기초 한자 부수 13

한자는 부수를 결합해서 만든 글자로, 핵심 의미가 들어 있습니다.
그래서, 수많은 한자를 모두 외우지 않아도 부수를 통해 그 의미를 짐작할 수가 있지요.

그림을 통해 가장 많이 사용하는 기초 부수들을 배워 봅시다.
그리고, 예시 단어를 통해 그 부수들이 어떻게 쓰이는지 살펴보겠습니다.

## 水·氵 물수

흐르는 물을 본뜬 글자로, 강이나 하천의 이름
또는 물과 관련이 있는 사물이나 동작을 나타내요.

| | | |
|---|---|---|
| shuǐ | 水 쉐이 | 물 |
| quán | 泉 취엔 | 샘물 |
| jiāng | 江 찌앙 | 강 |
| hǎi | 海 하이 | 바다 |

## 人·亻 사람인

측면에서 본 사람의 모양을 본뜬 글자예요. 대부분
인체, 사람의 품성, 사회 조직, 사회 지위와 관련이
있죠.

| | | |
|---|---|---|
| rén | 人 런 | 사람 |
| mìng | 命 밍 | 생명 |
| tǐ | 体 티 | 몸(신체) |
| wèi | 位 웨이 | 곳(지위) |

## 冫 얼음빙

이 부수가 쓰인 단어들은 대부분 얼음이나 추위와
관련이 있어요.

| | | |
|---|---|---|
| bīng | 冰 삥 | 얼음 |
| lěng | 冷 울렁 | 춥다 |

## 辶 갈착

이 부수는 어딘가로 걸어가는 모습과 닮았죠?
다리나 걷는 동작과 관련이 있는 부수예요.

| | | |
|---|---|---|
| guò | 过 꾸어 | 지나다 |
| dào | 道 따오 | 길/도로 |

## 八 여덟 팔

옆으로 눕힌 숫자 8의 일부분이라고 상상해봐요.
대부분 '나눈다'는 뜻과 관련이 있어요.

**分** fēn 펀ᶠ 나누다

**公** gōng 꽁 공공의

## 礻 옷 의

옷을 본떠 만든 글자예요. 대부분 의복과 관련이
있어요.

**袜** wà 와 양말

**裙** qún 췬 치마

## 艹 풀 초

풀 두 송이를 본뜬 글자예요. 대부분 풀이나 식물과
관련이 있어요.

**草** cǎo 차오 풀

**花** huā 화 꽃

## 纟 실 사

빙빙 돌아가면서 감긴 실 묶음을 본뜬 글자예요.

**线** xiàn 씨엔 실

**结** jié 지에 매듭/묶다

## 竹 대나무 죽

대나무 두 그루를 본뜬 글자예요. 대부분 대나무나
대나무로 만든 물건들과 관련이 있어요.

**竹** zhú 쮸ʳ 대나무

**筷** kuài 콰이 젓가락

## 钅 쇠 금

쇠붙이를 녹이는 그릇의 모양을 본떠 만든 글자예요.
금속과 관련이 있는 글자에 자주 쓰여요.

**钱** qián 치엔 돈

**银** yín 인 은

## 饣 밥 식

그릇에 담긴 음식을 나타내요. 대부분 음식이나 음식과
관련된 동작과 연관이 있어요.

**饭** fàn 판ᶠ 밥

**饮** yǐn 인 음료

# 1장

설레기 마련
출발은 언제나

야, 늦었어. 빨리 와!

그래, 빨리 좀 와. 이 굼벵이야!

저것들이! 이게 다 누구 탓인데! 기다려, 一起 가!

으악, 왜 이렇게 等候줄이 길어! 이러다가 飞机에 못 타는 거 아냐?

헥헥… 괘… 괜찮아. 아직은 조금 여유 있어. 그보다 护照는 챙겨 왔지?

당연하지. 이 背包안에…

난 이 手提包 안에…

헉!!!
어디 갔지?

너 설마, 까먹고 家에다 두고 온 건…

짜잔! 내가 직접 만든 거야!!

아, 아냐. 어제 분명히 여기다가 넣어놨는데? 어라?

진짜 두고 온 거 같은데. 어떡하냐, 네 형 못 타게 생겼어!

무시하기냐!! … 어쩔 수 없지.

궁시렁!

| 一起 : 함께 | 等候 : 대기 | 飞机 : 비행기 | 护照 : 여권 |
|---|---|---|---|
| yì qǐ 이 치 | děng hòu 덩 허우 | fēi jī 페이 찌 | hù zhào 후 쨔오 |
| 背包 : 백팩 | 手提包 : 손가방 | 家 : 집 | |
| bèi bāo 뻬이 빠오 | shǒu tí bāo 셔'우 티 빠오 | jiā 찌아 | |

| | | | |
|---|---|---|---|
| 找 : 찾다<br>**zhǎo** 쟈오 | 丟 : 잃다<br>**diū** 띠우 | 你 : 너<br>**nǐ** 니 | 行李箱 : 캐리어 가방<br>**xíng lǐ xiāng** 싱 리 샤앙 |
| 记号 : 표시<br>**jì hào** 찌 하오 | 我 : 나<br>**wǒ** 워 | 手巾 : 손수건<br>**shǒu jīn** 셔'우 찐 | |

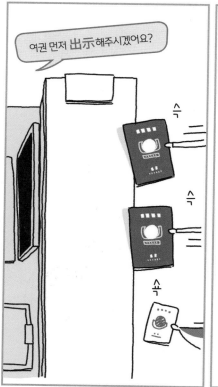

---

我 : 나
**wǒ** 워

咱们 : 우리
**zán men** 잔 먼

早上好. : 안녕하세요 [오전]
**zǎo shang hǎo.** 자오 샹 하오.

出示 : 보여주다
**chū shì** 추 쓰

行李 : 수하물, 짐
**xíng li** 싱 울리

等 : 기다리다
**děng** 덩

登机口 : 게이트, 문
**dēng jī kǒu** 떵 찌 커우

飞行 : 비행
**fēi xíng** 페이 싱

再见. : 안녕히 계세요.
**zài jiàn.** 짜이 찌엔.

入口 : 입구
**rù kǒu** 루 커우

出口 : 출구
**chū kǒu** 츄 커우

通过 : 통과하다
**tōng guò** 통 꾸어

有 : 소유하다, 있다
yǒu 여우

玩笑 : 농담
wán xiào 완 샤오

我 : 나
wǒ 워

毒品 : 마약
dú pǐn 두 핀

盐 : 소금
yán 옌

进去 : 들어가다
jìn qù 찐 취

아아, 그나저나 계속 줄만 서 있느라 진이 다 빠져버렸네.
우리 기분전환으로 저기 **免税店**에서 쇼핑 좀 하고 들어갈까?

응, 나 옷 사줘. 옷!

나도 그러고 싶긴 한데
**时间**이 애매하게 남아서 안 돼.

그럼 약간 출출한데
**零食**라도 사서 잽싸게 먹을까?

응, 나 주스
먹고 싶어. 주스!

어차피 비행기 안에서
**飞机餐** 나오는데 먹긴 뭘 먹어.
쓸데없는 곳에서 힘 빼지 말고
어서 가자. 이러다 늦겠어.

너희가 **慢慢地**하게 일어나는 바람에 이렇게 된 거잖아!
나도 오랜만에 공항에 **来**한 거라서 여기저기 둘러보고 싶었다고!

쳇, 모처럼 **机场**에 왔건만
아무것도 못 하게 하다니…

옳소, 옳소!
이 마귀할멈!!

이것들이
정말!!!!!

워워, 진정해. **我们**이 그러고 싶어서 그랬겠냐?
처음으로 가는 해외여행이니까 들떠서 그랬지.

그치~

고럼,
고럼!!

---

| | | | |
|---|---|---|---|
| 免税店 : 면세점<br>**miǎn shuì diàn** 미엔 쉐'이 띠엔 | 时间 : 시간<br>**shí jiān** 스'찌엔 | 零食 : 간식<br>**líng shí** 을링 스' | 飞机餐 : 기내식<br>**fēi jī cān** 페'이 찌 찬 |
| 机场 : 공항<br>**jī chǎng** 찌 챵' | 慢慢地 : 늦게<br>**màn màn de** 만 만 띠 | 来 : 오다<br>**lái** 을라이 | 我们 : 우리<br>**wǒ men** 워 먼 |

洗手间 : 화장실　　　这里 : 여기　　　　　你 : 너　　　　　乘客 : 승객
**xǐ shǒu jiān** 시 셔'우 찌엔　**zhè lǐ** 쪄'을리　　**nǐ** 니　　　**chéng kè** 청'커

听 : 듣다
**tīng** 팅

几号 : 몇 번
jǐ hào 지 하오

跑 : 달리다
pǎo 파오

早上 : 아침
zǎo shang 자오 샹

座位 : 좌석
zuò wei 쭈어 웨이

| | | |
|---|---|---|
| 靠窗座位 : 창가 석 | 看 : 보다 | 你们 : 너희 |
| **kào chuāng zuò wèi** 카오 추앙 쭈어 웨이 | **kàn** 칸 | **nǐ men** 니 먼 |
| 靠走廊座位 : 복도 석 | 因为 : 왜냐하면 | 坐 : 앉다 |
| **kào zǒu láng zuò wèi** 카오 쩌우 올랑 쭈어 웨이 | **yīn wèi** 인 웨이 | **zuò** 쭈어 |

---

起飞 : 이륙하다
**qǐ fēi** 치 페이

飞 : 날다
**fēi** 페이

你们 : 너희
**nǐ men** 니 먼

安静地 : 조용히
**ān jìng de** 안 찡 더

对不起. : 죄송합니다.
**duì bu qǐ.** 뚜이 부 치.

吵闹地 : 소란스럽게
**chǎo nào de** 챠오 나오 더

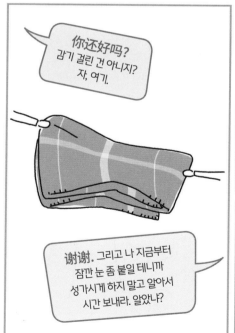

| 哇. : 우와. | 期待 : 기대하다 | 别管他. : 내버려 둬. | 毛毯 : 담요 |
|---|---|---|---|
| **wa.** 와. | **qī dài** 치 따이 | **bié guǎn tā.** 비에 관 타. | **máo tǎn** 마오 탄 |
| 你还好吗? : 괜찮아? | 谢谢. : 고마워. | 睡觉 : 잠자다 | 能源 : 에너지 |
| **nǐ hái hǎo ma?** 니 하이 하오 마? | **xiè xie.** 씨에 시에. | **shuì jiào** 쒜이 쨔오 | **néng yuán** 넝 위엔 |
| 干 : 하다 | | | |
| **gàn** 깐 | | | |

에이, 몰라. 나도 그냥 자야겠어.
혼자 깨어 있어봤자 뭐 하겠어.

잘 생각했어.
먹고 자고 싸다 보면 어느새
**到达**해 있을 거야. 좀만 참아.

아아, **起来** 했을 때
이미 도착해있으면 참 좋을 텐데.

나\_참…
그럴 리가 없잖아.
시답잖은 소리 하긴.

아, 그런데 원래 해외 나갈 때
**签证** 발급받아야 하는 거 아냐?

그러고 보니 나 그거
신청 안 했는데, 괜찮은 건가?
그보다… 비자가 뭐야?

비자카드?
라는 것도 있고.

… 비자는 **简单地** 말해서
가고자 하는 나라에 대한
입국허가서 같은 거야.

그래서 보통은
해당 국가의 정부로부터
비자를 발급받아야 하는데

이름은 같지만,
비자카드는 그냥
국제적인 신용카드야.

지금 우리가 가고 있는 나라에선
우리가 소지한 여권으로 비자를 대신 할 수 있기 때문에
굳이 발급을 안 받아도 **访问**할 수가 있는 거야.

우리나라 여권은
파워가 좀 센 편이야.

비자가 없다고?
여권만 있어도 돼~

**当然**, 이에 해당하지 않는 나라에
방문하려면 비자 발급이 필수지만.

우리는 여권
취급 안 해!

---

到达 : 도착
**dào dá** 따오 다

起来 : 일어나다
**qǐ lái** 치 율라이

签证 : 비자
**qiān zhèng** 치엔 쩡ʳ

简单地 : 간단히
**jiǎn dān de** 지엔 딴 더

访问 : 방문하다
**fǎng wèn** 팡ʳ 원

当然 : 물론
**dāng rán** 땅 란

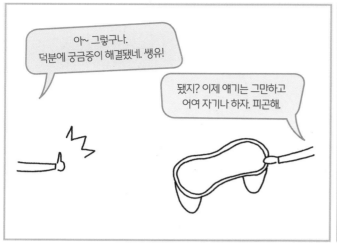

晚安. : 잘자.
wǎn ān. 완 안.

大声的 : 소리가 큰
dà shēng de 따 셩'더

集中 : 집중하다
jí zhōng 지 쭝'

工厂 : 공장
gōng chǎng 꽁 창'

他 : 그
tā 타

아니나 다를까, 술에 만취해 그녀의 가녀린 어깨를 触摸하며 께름칙한 미소를 짓고 있는 공장쟁!

나는 지성인이다…
한 번만 참자, 참아…

그 모습에 눈이 뒤집힌 그는 공장에서 生产하고 있던 골프채를 들고 단숨에 달려가 공장장을 한 방에 때려눕히고 말았다.

?!!?

그리고 그는 가쁜 숨을 천천히 몰아 내쉬면서

놀란 표정으로 자신을 바라보고 있는 她에게 말했다.

我랑 함께 도망쳐요!
이 지옥 같은 곳에서
벗어나 함께 살아요!

그의 눈은 또렷했다.

口

그녀와 함께라면
어떠한 고난도 넘길 수 있으리라.

하지만 되돌아온 그녀의 回答는
그의 심장을 무너져 내리게 했다.

저기…
누구신지는 모르겠지만,
신고할게요.

어…?

십 년의 사랑은 흩어지고, 他们 사이에선
한동안 적막만이 맴돌았다…

파스스

크으—
기가 막히는구먼!

이 小说,
내가 쓰고 있긴 하지만
느낌이 왔어.

무조건
팔릴 거야!
후훗.

| | | | |
|---|---|---|---|
| 触摸 : 만지다<br>**chù mō** 츄ˇ모어 | 生产 : 생산하다<br>**shēng chǎn** 썽ˊ챤ˇ | 她 : 그녀<br>**tā** 타 | 我 : 나<br>**wǒ** 워 |
| 回答 : 대답<br>**huí dá** 후이 다 | 他们 : 그들<br>**tā men** 타 먼 | 小说 : 소설<br>**xiǎo shuō** 샤오 쓔어 | |

| | | | |
|---|---|---|---|
| 写 : 쓰다 | 小孩 : 아이 | 成人 : 어른 | 工作 : 일하다 |
| xiě 시에 | xiǎo hái 샤오 하이 | chéng rén 청ʳ런 | gōng zuò 꽁 쭈어 |
| 电话 : 전화 | 换 : 바꾸다 | | |
| diàn huà 띠엔 화 | huàn 환 | | |

# 01 한자와 병음

한자는 '번체자'와 '간체자' 두 가지로 나뉩니다. 어렵고 복잡한 옛날 한자 '번체자'로 인해 문맹률이 높았던 중국은 1986년부터 '번체자'를 간단하게 만든 '간체자'를 사용하기 시작합니다.

번체자, 조금 익숙하지 않나요? 중국은 이제 '간체자'를 쓰지만, 옛날 한자를 그대로 들여온 우리나라와 대만, 홍콩은 아직 전통 한자 '번체자'를 사용하고 있기 때문이죠.

## 병음이 곧 발음이다.

우리말은 글자 그대로 읽으면 되지만, 한자는 뜻만 보여줄 뿐, 어떻게 발음해야 하는지 보이지 않습니다. 그래서 '병음'이라는 표기법으로 어떻게 읽는지 가르쳐줍니다. 한자에 병음까지 배우려면 어렵게 느껴지실 수 있지만, 다행히 병음은 알파벳으로 이루어져 있어 쉽게 익힐 수 있습니다.

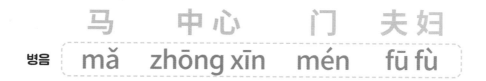

요즘은 손보다 자판으로 글을 쓰는 일이 많죠. 만약 병음이 없었다면, 중국 사람들은 수천 개의 한자가 모두 들어 있는 거대한 키보드를 써야 했을 것입니다. 하지만, 병음 덕에 알파벳을 조합하는 것만으로도 간편하게 한자를 입력하게 될 수 있게 되었습니다. 병음은 크게 성모, 운모, 성조 이렇게 3가지로 이루어져 있습니다.

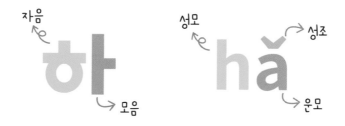

## 성조

중국어는 얼핏 듣기에 노래와 같다고도 하죠. 모든 단어마다 각자의 높낮이를 가지고 있기 때문입니다.
성조는 바로 이 높낮이를 표현해주는 기호로 1·2·3·4성, 총 4가지가 있습니다.

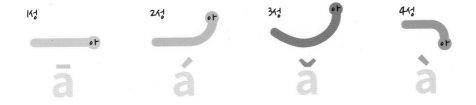

## 운모

우리말의 모음에 해당하는 6개의 운모를 살펴보겠습니다.

| **a** | **o** | **e** | **i**(y) | **u**(w) | **ü**(y) |
|---|---|---|---|---|---|
| 아 | 오어 | 으어 | 이 | 우 | 위 |

## 성모

중국어에는 우리말의 자음에 해당하는 21개의 성모가 있어요.
성모 혼자서는 발음할 수 없기 때문에 모음 역할을 하는 운모의 도움을 받아 발음해요.

# 02 중국어의 4성조

## 중국어는 **노래하듯이** 말한다.

중국어는 얼핏 듣기에 노래와 같다고도 하죠. 모든 단어마다 각자의 높낮이를 가지고 있기 때문입니다.
성조는 바로 이 높낮이를 표현해주는 기호입니다.

우리말          중국어

성조엔 1·2·3·4성, 총 4가지가 있습니다. 아래의 음표를 보며 'a'의 4가지 성조를 따라 읽어볼까요?

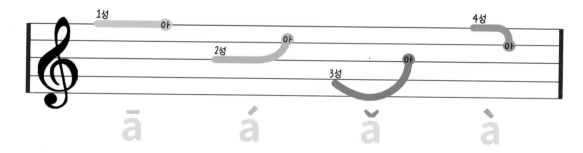

## **성조** 발음법

이번엔 성조의 모양과 자세한 발음 방법을 배워보도록 하겠습니다.

| 성조 | | 발음 방법 | 표기 |
|---|---|---|---|
| 1성 | ▬ | 높은 음을 평평하게 끝까지 유지해서 발음합니다. | mā |
| 2성 | ◢ | '뭐?'라고 되묻듯, 단숨에 짧게 끌어올리며 발음합니다. | má |
| 3성 | ∨ | 상대방의 말을 이해하고 '아~' 하고 감탄사를 내뱉듯, 음을 최대한 내렸다 힘을 빼며 자연스럽게 올려줍니다. | mǎ |
| 4성 | ◣ | 부산 사람이 화났을 때 '마'라고 외치듯, 높은 음에서 시작해 음을 툭 떨어뜨립니다. | mà |

## 쉬어가는 성조 **경성**

모든 음절에 성조가 있다면 발음하기 힘들겠죠.
중국어의 일부 음절은 원래의 성조를 잃고 가볍고 짧게 발음되는데, 이를 경성이라고 합니다.
경성은 성조의 일부가 아니기 때문에 어떤 성조 부호도 표시하지 않습니다.
경성은 늘 다른 성조 뒤에 잇따라 나오며, 이때 경성의 음높이는 항상 일정하지 않습니다.
앞 성조의 영향을 받아 음의 높낮이가 결정됩니다.

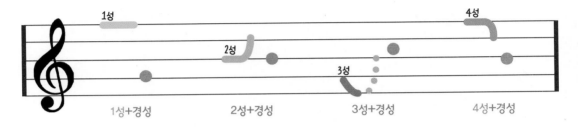

## 3성의 **성조 변화**

중국어의 3성은 성조 변화가 자주 일어납니다. 하지만 두 가지 규칙만 기억하시면 됩니다.

| 규칙 | 예시 |
|---|---|
| 1. 3성이 연속될 때 앞의 3성은 2성으로 변화합니다.<br>❖ 3성 성조변화는 표기는 그대로 두되, 읽을 때만 2성으로 읽습니다. | nǐ hǎo |
| 2. 3성 뒤에 1, 2, 4 및 경성이 올 때는 앞의 3성을 반3성으로 발음합니다.<br>❖ 반3성이란 3성을 아래로 떨어뜨리기만 하고 올리지 않는 발음을 가리킵니다. | kě tè |

## **성조** 표기법

성조를 표기하는 방법은 간단합니다. 다음 세 가지 규칙만 기억하세요.

| 규칙 | 예시 |
|---|---|
| 1. 성조 부호는 운모 위에 표기합니다. ❖ i는 위의 점을 빼고 표기합니다. | hē qǐ bá |
| 2. 운모가 두 개 이상일 경우, a·e·o·i·u·ü 순서로 표기합니다. | bǎo zuò |
| 3. 운모 i와 u가 함께 올 경우, 뒤 모음에 표기합니다. | huí jiǔ |

로마에 왔으면 로마의
*法律*를 따라야지?

# 2장

## 그 이름, 식당 매너

### 가깝고도 먼

美丽的 : 아름다운　　　诗 : 시　　　　吃 : 먹다　　　肚子 : 배
měi lì de 메이ㄹ리 더　　　shī 쓰ㄹ　　　chī 츠ㄹ　　　dù zi 뚜 즈

背 : 등　　　　去 : 가다　　　餐厅 : 식당
bèi 뻬이　　　qù 취　　　cān tīng 찬 팅

야, 그런데 여기서 近的한 곳에 있는 거지?

먼 곳 아니지? 먼 곳은 싫어!

이 근처니까 걱정하지 마~
한 5분 정도만 走하면 나올 거야.

진짜지? 谎言이면 나중에 가만 안 둔다.

骗子라고 평생 놀릴 거야!

아, 그만 징징대고 너넨 그냥 나만 따라와! 이쪽이야.

딸그럭

딜그럭

---

딸랑~

欢迎光临.
두 분이신가요?

下午好.
네, 두 명 맞아요.

에, 나도 있는데!

자리로 바로 안내해드리겠습니다.
이쪽으로 오세요.

우와~
사람이 바글바글하네.

나도 有 하다고!

후훗, 그럴만한
理由가 다 있지~
빨리 따라가자!

여기 앉아주세요.
잠시만 기다려 주시면 곧
菜单을 가져다드리겠습니다.

네,
감사합니다~

---

近的 : 가까운
jìn de 찐 더

走 : 걷다
zǒu 저우

谎言 : 거짓
huǎng yán 후앙 옌

骗子 : 거짓말쟁이
piàn zi 피엔 즈

欢迎光临. : 어서 오세요.
huān yíng guāng lín. 환 잉 꾸앙 올린

下午好. : 안녕하세요.[오후]
xià wǔ hǎo. 씨아 우 하오.

有 : 있다, 소유하다
yǒu 여우

理由 : 이유
lǐ yóu 울리 여우

菜单 : 메뉴판
cài dān 차이 딴

| | | | |
|---|---|---|---|
| 膝盖 : 무릎<br>**xī gài** 씨 까이 | 不错 : 좋은<br>**bú cuò** 부 추어 | 家具 : 가구<br>**jiā ju** 찌아 쥐 | 气味 : 냄새<br>**qì wèi** 치 웨이 |
| 拜托 : 부탁해.<br>**bài tuō.** 빠이 투어. | 搜索 : 검색하다<br>**sōu suǒ** 써우 수어 | 有名的 : 유명한<br>**yǒu míng de** 여우 밍 더 | 预约 : 예약<br>**yù yuē** 위 위에 |
| 进入 : 입장하다<br>**jìn rù** 찐 루 | 好吃的 : 맛있다<br>**hǎo chī de** 하오 츠 더 | 不用谢. : 천만에요.<br>**bú yòng xiè.** 부 용 씨에. | |

1등 중국어 단어장 | **35**

| 服务员 : 종업원 | 客人 : 손님 | 拿来 : 가져오다 | 马上 : 곧 |
|---|---|---|---|
| fú wù yuán 푸'우 위엔 | kè rén 커 런 | ná lái 나을라이 | mǎ shàng 마 쌍' |
| 服务员. : 저기요. | 请给我菜单 : 메뉴판 주세요. | 嗓音 : 목소리 | 为什么 : 왜 |
| fú wù yuán. 푸'우 위엔. | qǐng gěi wǒ cài dān. 칭 게이 워 차이 딴. | sǎng yīn 상 인 | wèi shén me 웨이 션'머 |

후… 너희가 讲한 대부분이 어디서 나온 기준인지는 모르겠는데 유럽에서는 테이블 매너가 重要的한 문화이기 때문에 꼭 지켜야 해.

테이블?

매너?

그래. 종업원을 부르고 싶으면 眼睛이 마주칠 때까지 기다렸다가

드디어 날 봐주셨어!

눈이 마주치면 그때 手를 들어 조용히 불러야 하는 거야.

저… 이제 주문하고 싶어요.

大声地로 부르면 다른 사람들한테 폐가 된다고 생각하거든.

그리고 여기 종업원들에게는 자기만의 일 처리 순서가 따로 있어서

1.
1번 테이블 세팅
2.
7번 테이블 응대
3.
1번 테이블 안내
⋮

1.
3번 테이블 청소
2.
4번 테이블 계산
⋮

너처럼 막 叫 한다고 해서 바로바로 대응해주지 않아.

wait!

저기요! 어디 가세요? ㅠㅠ

지금은 7번 테이블 응대하러 가는 중~

또, 종업원과 손님은 갑을관계가 아닌 대등한 关系라고 여기기 때문에

ㅋㅋㅋ

물 줘, 소스 줘, 없어 줘, 불 꺼줘.

계속 깝죽거려?

그걸 모르고 계속 예의 없게 행동했다간 여기서 出去라고 할 수도 있어.

너 나가.

---

| | | | |
|---|---|---|---|
| 讲 : 이야기하다 **jiǎng** 지앙 | 重要的 : 중요한 **zhòng yào de** 쭝`야오 더 | 眼睛 : 눈 **yǎn jīng** 옌 찡 | 手 : 손 **shǒu** 셔`우 |
| 大声地 : 큰 소리로 **dà shēng de** 따 썽`더 | 叫 : 부르다 **jiào** 쨔오 | 关系 : 관계 **guān xi** 꽌 시 | 出去 : 나가다 **chū qù** 츄`취 |

| 知道 : 알다 | 知道了. : 알았다. | 借口 : 변명 | 需要的 : 필요한 |
|---|---|---|---|
| zhī dào 쯔′ 따오 | zhī dào le. 쯔′ 따오 을러. | jiè kǒu 찌에 커우 | xū yào de 쉬 야오 더 |
| 点菜 : 주문 | 选 : 고르다 | 订餐 : 주문하다 | |
| diǎn cài 디엔 차이 | xuǎn 쉬엔 | dìng cān 띵찬 | |

| 牛排 : 스테이크 | 吐司 : 토스트 | 三明治 : 샌드위치 | 比萨 : 피자 |
| niú pái 니우 파이 | tǔ sī 투 쓰 | sān míng zhì 싼 밍 쯔' | bǐ sà 비 싸 |

| 意大利面 : 파스타 | 汤 : 수프 | 沙拉 : 샐러드 | |
| yì dà lì miàn 이 따올리 미엔 | tāng 탕 | shā lā 싸'올라 | |

dessert

布丁

华夫饼

马卡龙

※ 마카롱은 사실
이탈리아 디저트야!

布朗尼

绿茶

咖啡

果汁

热巧克力

红葡萄酒
白葡萄酒

※ 레드 와인은 고기,
화이트 와인은 생선을 먹을 때 즐겨!

※ 이탈리아는 자릿세와
물값이 기본이니까, 꼭 확인해!

피자를 시킬 땐
1인당 한 판을 시키는 게
매너라더라.

우리도 피자 먹을 거면
세 판 시켜야겠네?

오늘의 런치 코스
샐러드+스테이크+브라우니

---

| 布丁 : 푸딩 | 华夫饼 : 와플 | 马卡龙 : 마카롱 | 布朗尼 : 브라우니 |
|---|---|---|---|
| **bù dīng** 뿌 띵 | **huá fū bǐng** 화 푸ᶠ빙 | **mǎ kǎ lóng** 마 카올롱 | **bù lăng ní** 뿌올랑 니 |
| 绿茶 : 녹차 | 咖啡 : 커피 | 果汁 : 주스 | 热巧克力 : 핫초코 |
| **lǜ chá** 율뤼 챠ˇ | **kā fēi** 카 페이 | **guǒ zhī** 구어 쯔ˇ | **rè qiǎo kè lì** 러 챠오 커율리 |
| 红葡萄酒 : 레드와인 | 白葡萄酒 : 화이트와인 | | |
| **hóng pú táo jiǔ** 홍 푸 타오 지우 | **bái pú táo jiǔ** 바이 푸 타오 지우 | | |

| | | | |
|---|---|---|---|
| 什么 : 무엇, 어떤<br>**shén me** 션ˊ머 | 任何东西 : 뭐든지<br>**rèn hé dōng xi** 런ˋ 허ˊ 똥 시 | 葡萄酒 : 와인<br>**pú táo jiǔ** 푸ˊ 타오ˊ 지우ˇ | 贵的 : 비싼<br>**guì de** 꿔이ˋ 더 |
| 付钱 : 지불하다<br>**fù qián** 푸ˋ 치엔ˊ | 有趣的 : 재미있는<br>**yǒu qù de** 여우ˇ 취ˋ 더 | 哪里 : 어디<br>**nǎ li** 나ˇ울리 | 吓我一跳. : 깜짝이야.<br>**xià wǒ yí tiào.** 씨아ˋ 워ˇ 이ˊ 탸오ˋ. |
| 什么时候 : 언제<br>**shén me shí hou** 션ˊ머 스ˊ허우 | | | |

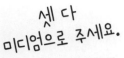
셰 다
미디엄으로 주세요.

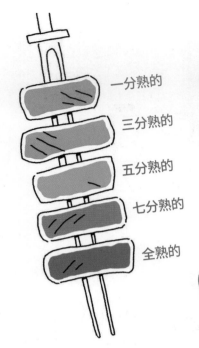

一分熟的

三分熟的

五分熟的

七分熟的

全熟的

---

| | | | |
|---|---|---|---|
| 我要点餐. : 주문할게요.<br>**wǒ yào diǎn cān.** 워 야오 디엔 찬. | 一分熟的 : 겉만 익힘<br>**yī fēn shú de** 이 펀ʳ 슈ʳ 더 | 三分熟的 : 살짝 익힘<br>**sān fēn shú de** 싼 펀ʳ 슈ʳ 더 | 五分熟的 : 중간 정도 익힘<br>**wǔ fēn shú de** 우 펀ʳ 슈ʳ 더 |
| 七分熟的 : 잘 익힘<br>**qī fēn shú de** 치 펀ʳ 슈ʳ 더 | 全熟的 : 완전히 익힘<br>**quán shú de** 취엔 슈ʳ 더 | 食物 : 음식<br>**shí wù** 스ʳ 우 | 搞笑的 : 우스꽝스러운<br>**gǎo xiào de** 까오 쌰오 더 |
| 嘴 : 입<br>**zuǐ** 주이 | 商量 : 상의하다<br>**shāng liang** 쌍ʳ 울리앙 | 腿 : 다리<br>**tuǐ** 퉈이 | |

| | | | |
|---|---|---|---|
| 谈 : 말하다<br>tán 탄 | 计划 : 계획<br>jì huà 찌 화 | 地方 : 장소<br>dì fāng 띠 팡 | 水 : 물<br>shuǐ 쉐'이 |
| 城市 : 도시<br>chéng shì 청' 쓰' | 遗憾的 : 미안한<br>yí hàn de 이 한 더 | 远的 : 멀리 있는<br>yuǎn de 위엔 더 | 是吗? : 그래?<br>shì ma? 쓰' 마? |

| 塔 : 탑 | 呀哈 : 야호. | 想 : 생각하다 | 名字 : 이름 |
|---|---|---|---|
| **tǎ** 타 | **yā hā.** 야하. | **xiǎng** 시앙 | **míng zi** 밍즈 |
| 地图 : 지도 | 不知道 : 모르다 | 意见 : 의견 | 意思 : 의미 |
| **dì tú** 띠 투 | **bù zhī dào** 뿌 쯔'따오 | **yì jiàn** 이 찌엔 | **yì si** 이 스 |
| 道歉 : 사과하다 | 生气 : 화나다 | | |
| **dào qiàn** 따오 치엔 | **shēng qì** 썽'치 | | |

| 人 : 사람 | 演员 : 배우 | 跟随 : 뒤를 따르다 | 导游 : 안내자 |
|---|---|---|---|
| **rén** 런 | **yǎn yuán** 옌 위엔 | **gēn suí** 껀 쉐이 | **dǎo yóu** 다오 여우 |
| 脚 : 발 | 让您久等了. : 오래 기다리셨습니다. | 终于 : 드디어 | |
| **jiǎo** 쟈오 | **ràng nín jiǔ děng le.** 랑 닌 지우 덩 올러. | **zhōng yú** 쭝 위 | |

| | | | |
|---|---|---|---|
| 任何时候 : 언제든지<br>**rèn hé shí hou** 런 허 스ʳ허우 | 开心的 : 즐거운<br>**kāi xīn de** 카이 씬 더 | 谢谢款待. : 잘 먹겠습니다.<br>**xiè xiè kuǎn dài.** 씨에 씨에 콴 따이. | 味道 : 맛<br>**wèi dào** 웨이 따오 |
| 停止 : 멈추다<br>**tíng zhǐ** 팅 즈ʳ | 昆虫 : 벌레<br>**kūn chóng** 쿤 총ʳ | 使用 : 사용하다<br>**shǐ yòng** 스ʳ용 | 拿 : 잡고 있다<br>**ná** 나 |

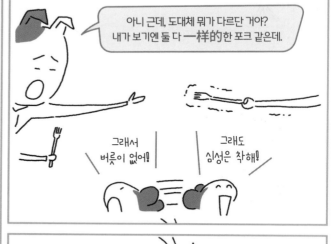

| | | | |
|---|---|---|---|
| 问题 : 문제 | 放 : 놓다 | 叉 : 포크 | 法律 : 법 |
| **wèn tí** 원 티 | **fàng** 팡 | **chā** 챠 | **fǎ lǜ** 파 올뤼 |
| 胳膊 : 팔 | 吃饭 : 식사 | 妈妈 : 엄마 | 一样的 : 같은 |
| **gē bo** 꺼 보어 | **chī fàn** 츠 판 | **mā ma** 마 마 | **yí yàng de** 이 양 더 |

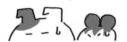

가운데 **盘子**를 기준으로 왼쪽으로는 포크, 오른쪽으로는 **刀**와 **匙子**, 왼쪽 위에서부터 **面包** 접시, 디저트용 식기, 물 **杯子**와 와인잔이 놓여 있어. **餐巾**은 보편적으로 접시 위에 놓이지만, 때에 따라 포크 옆에 놓여 있기도 해.

커피잔
디저트 스푼
물 잔
레드 와인 잔
빵 접시
버터나이프
디저트 포크
화이트 와인 잔
냅킨
샐러드 포크
생선 포크
디너 포크
접시
디너 나이프
생선 나이프
수프 스푼

| | | | |
|---|---|---|---|
| 教 : 가르치다 | 突然 : 갑자기 | 国家 : 국가 | 盘子 : 접시 |
| jiāo 쨔오 | tū rán 투란 | guó jiā 구어 찌아 | pán zi 판즈 |
| 刀 : 칼 | 匙子 : 숟가락 | 面包 : 빵 | 杯子 : 컵 |
| dāo 따오 | chí zi 츠즈 | miàn bāo 미엔 빠오 | bēi zi 뻬이 즈 |
| 餐巾 : 냅킨 | | | |
| cān jīn 찬 찐 | | | |

소금과 **胡椒** 세트는
테이블 인원들이 돌려쓸 수 있도록
테이블 정중앙에 있지.

적어도
네 사람당
한 쌍씩

각각의 식기들은
음식의 **种类**에 따라
달리 사용해야 하는데

생선?

고기?

야채?

예를 들어 **鱼** 요리가 나왔으면 그에 맞는 포크와 나이프를

**肉** 요리가 나왔으면
또 그에 맞는 포크와 나이프를 써야 하는 식이야.

아니, 잠깐만.
다 비슷비슷하게 생긴 걸
**怎样** 구별하란 거야?

아삭아삭

그건… 식기의 모양을 자세히 보고
구별하는 수밖에 없어.

하지만, 우리가 이런 문화에
**尤其** 흥미를 가지고 있는 것도
아니고 그런 걸 일일이 **记得**하고
다닐 필요는 없잖아?

냠냠    쩝쩝

| 胡椒 : 후추 | 种类 : 종류 | 鱼 : 생선 | 肉 : 고기 |
|---|---|---|---|
| **hú jiāo** 후 쨔오 | **zhǒng lèi** 종'율레이 | **yú** 위 | **ròu** 러우 |

| 怎样 : 어떻게 | 尤其 : 특히 | 记得 : 기억하다 |
|---|---|---|
| **zěn yàng** 전 양 | **yóu qí** 여우 치 | **jì de** 찌 더 |

그래서 좌우간
**"음식이 나올 때마다 가장자리에 있는 식기부터 차례대로 사용한다."**
이 점만 记住하고 있으면 돼.

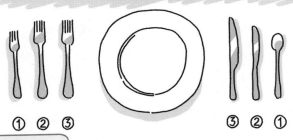

① ② ③          ③ ② ①

애! 그리고 또 하나 기억해두면 좋은 게 있는데
바로 좌빵우물이란 单词야.

그건 또 뭔데?

# 좌빵우물

테이블 세팅 시 <u>左边</u>에는 빵,
<u>右边</u>에는 물이 놓인다는 뜻인데

지금 우리가 이렇게 마주 앉아 있을 때는 상관없지만
만약 이런 둥근 餐桌같은 곳에서 여러 명이 앉아
식사할 경우에는 哪一个 가 내 빵이고, 물인지 헷갈려서

빵과 물의
뫼비우스 띠...

---

记住 : 기억
**jì zhu** 찌이 쭈

单词 : 낱말
**dān cí** 딴 츠

左边 : 왼쪽
**zuǒ biān** 주어 삐엔

右边 : 오른쪽
**yòu biān** 여우 삐엔

餐桌 : 탁자
**cān zhuō** 찬 쮜어

哪一个 : 어느 것
**nǎ yī ge** 나 이 거

실수로 **别人**의 것을 먹어버릴 수도 있거든.

내...내 빵...!

물론, 그런 일이 벌어져도
**笑**해서 넘길 수 있는 상황이면 참 좋겠지만
그렇지 않은 경우가 많을 테니 미리 알아두면 좋다는 말씀.

왼쪽 오른쪽도 몰라? ㅋㅋㅋ
내가 함 봐준다~?
엉? 귀여운 내가~

에이~ 형॥

미, 미안.

이상,
강의 **结束**!

와~ 너무나도
친절하게 가르쳐주셔서
**谢谢**. 교수님!

그럼 저 이제 화장실 좀
다녀와도 될까요?
배가 또 사르르
**疼**한 것 같은데.

W·C

왜 안 가나
했다!

잠깐!!
**在那之前**에
하나만 더 듣고 가.

아 진짜, 또 뭔데?
나 지금 배 아프다고!
굉장히 **着急的**한
상황이라니깐!?

이머전시!
이머전시!

너 지금 앞에 있는 음식 다 먹은 거지?

응응, 그런데?

| | | | |
|---|---|---|---|
| 别人 : 다른 사람<br>**bié rén** 비에 런 | 笑 : 웃다<br>**xiào** 샤오 | 结束 : 끝<br>**jié shù** 지에 쓔 | 谢谢. : 고맙습니다.<br>**xiè xie.** 씨에 시에. |
| 疼 : 아프다<br>**téng** 텅 | 在那之前 : 그 전에<br>**zài nà zhī qián** 짜이 나 쯔 치엔 | 着急的 : 급한<br>**zháo jí de** 쟈오 지 더 | |

그럼, 식기를 접시 위에 이런 식으로 놔야 해. 이건 '음식을 다 먹었으니까 다음 음식을 가져다주세요.'라는 일종의 信号거든.

또, 还 음식을 다 먹진 않았지만 잠시 식사를 멈추고 이야기를 나누고 싶거나 자리를 비우고 싶을 때는 이렇게,

다 먹고 식사를 완전히 完了 했을 때는 이렇게,

그리고 음식이나 服务가 무척 마음에 들었다 싶으면 이렇게,

마음에 들지 않았다면 이런 식으로 놓는 거야.

信号 : 신호
**xìn hào** 씬 하오

还 : 아직
**hái** 하이

完了 : 끝내다
**wán le** 완 러

服务 : 서비스
**fú wù** 푸'우

谁 : 누구
**shéi** 셰'이

死 : 죽다
sǐ 스

多 : 많이
duō 뚜어

卫生纸 : 화장지
wèi shēng zhǐ 웨이 셩 즈

手机 : 휴대폰
shǒu jī 셔우 찌

有人 : 누군가
yǒu rén 여우 런

任何人 : 누구든지
rèn hé rén 런 허 런

上次 : 지난번에
**shàng cì** 쌍 츠

危险 : 위험
**wēi xiǎn** 웨이 시엔

打扰一下. : 실례합니다.
**dǎ rǎo yí xià.** 다 라오 이 씨아.

紧急情况 : 비상사태
**jǐn jí qíng kuàng** 진 지 칭 쿠앙

收到 : 받다
**shōu dào** 셔'우 따오

希望 : 바라다
**xī wàng** 씨 왕

习惯 : 습관
**xí guàn** 시 꽌

门 : 문
**mén** 먼

時候 : 하는 동안
shí hou 스'허우

羞耻 : 수치심
xiū chǐ 씨우 츠'

那里 : 거기
nà lǐ 나ㄹ리

| | | | |
|---|---|---|---|
| 家 : 집 | 干杯 : 건배 | 那么 : 그렇다면 | 今天 : 오늘 |
| **jiā** 찌아 | **gān bēi** 깐 뻬이 | **nà me** 나 머 | **jīn tiān** 찐 티엔 |
| 优秀 : 훌륭하다 | 愉快 : 기쁨 | | |
| **yōu xiù** 여우 씨우 | **yú kuài** 위 콰이 | | |

그러나!

결국엔 그 모든 역경을 克服해내고!?

하지만! 이런 축복받은 자리에 함께하기까지, 서로가 걸어왔던 수많은 路들이!

그저… 순탄하지만은 않았을 겁니다. 때로는 세상의 高한 벽에 부딪혀 넘어지고,

각자 주어진 자리에서 자신의 소명에 분골쇄신했기에!!!!

때로는 자신과의 싸움에서 输하여 후회란 늪 속에서 하염없이 울부짖었겠죠.

어이!! 교장 선생님 훈화하냐! 짧게 해!

화들짝!

…쳇, 뭐야! 이제부터 开始였는데…

ㅎㄷㄷ

소오름…

음, 어쩔 수 없네! 그럼 요약해서~

우리 모두 乐趣가 가득한 여행이 되기를 바라면서!

하나, 둘, 셋!!

건배~!

| | | | |
|---|---|---|---|
| 路 : 길<br>lù 을루 | 高 : 높다<br>gāo 까오 | 输 : 지다<br>shū 쑤 | 克服 : 극복하다<br>kè fú 커 푸 |
| 开始 : 시작<br>kāi shǐ 카이 스 | 乐趣 : 즐거움<br>lè qù 을러 취 | | |

甜品 : 디저트
tián pǐn 티엔 핀

体重 : 체중
tǐ zhòng 티 쫑

减肥 : 다이어트
jiǎn féi 지엔 페이

快乐地 : 행복하게
kuài lè de 콰이 을러 더

以前 : 예전에
yǐ qián 이 치엔

反正 : 어쨌든
fǎn zhèng 판 쩡

过程 : 과정
guò chéng 꾸어 청

账单 : 계산서
**zhàng dān** 쨩' 딴

休息时间 : 휴식 시간
**xiū xi shí jiān** 씨우 시 스' 찌엔

精神 : 정신
**jīng shén** 찡 션'

移动 : 움직이다
**yí dòng** 이 똥

头 : 머리
**tóu** 터우

没关系. : 괜찮습니다.
**méi guān xi.** 메이 꽌 시.

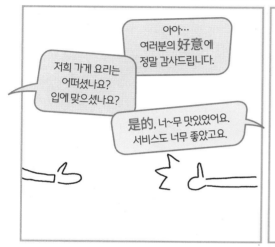

| | | | |
|---|---|---|---|
| 繁忙的 : 바쁜 | 团体 : 단체 | 好意 : 호의 | 是的. : 네. |
| **fán máng de** 판'망 더 | **tuán tǐ** 투안 티 | **hǎo yì** 하오 이 | **shì de.** 쓰'더. |
| 吃得很好. : 잘 먹었습니다. | 卡 : 카드 | 这边 : 이쪽 | |
| **chī de hěn hǎo.** 츠'더 헌 하오. | **kǎ** 카 | **zhè biān** 쩌'삐엔 | |

그렇다면...!

응? 아이고, 이런! 내 钱包가 어디 갔더라~?
음~ 배낭에다 넣어놨었나~?

여기 있잖..

찌릿!

합...!

하하핫, 잠깐만 기다려 봐~?

앗, 그렇게 할래?

…됐다, 됐어. 일단 내가 계산할게.

现金으로 계산할게요. 여기요.

네, 잠시 数 해볼 테니 조금만 기다려주세요.

좀 스러워서 정말

그런데 너 혹시라도 오해하지 마라? 내가 안 내고 싶었던 게 아니야.

·····

알지? 내고 싶었는데 지갑이 말이야~

한 놈, 두시기, 석삼, 너구리... 네, 계산 완료되었습니다. 여기 남은~

뻥!

시끄럽게 하지 말고 빨리 가!

그럼 안녕히 계세요~

어? 자.. 잠시만요, 손님! 零钱 받아 가셔야죠!

---

钱包 : 지갑
**qián bāo** 치엔 빠오

现金 : 현금
**xiàn jīn** 씨엔 찐

数 : 세다
**shǔ** 슈

零钱 : 거스름돈
**líng qián** 링 치엔

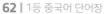

후.

真的 모르는 건지, 아니면 모르는 척하는 건지…

그건… 팁이에요!!

어맛!?

고, 고맙습니다! 기회가 되면 有一天에 꼭 다시 한번 방문해주세요!

조심히 들어가세요!

딸랑~

후!!

… 너 좀 멋있다?

흥, 그걸 이제야 알았냐?

반하지 마라. 피곤해지니까.

근데 음식 价格 얼마나 나왔어?

꽤 많이 나왔어~

TOTALE EURO

그러니까 多少?

이리 와봐.

굳이 귓속말을…?

소곤소곤

헉… 진짜 꽤 많이 나왔구나. 조금 미안한데..?

어머, 무슨 소리래? 以后에 다 받을 거거든?

뭐야! 네가 쓰는 거 아니었어!?

---

真的 : 정말로
**zhēn de** 쩐'더

有一天 : 언젠가
**yǒu yì tiān** 여우 이 티엔

价格 : 가격
**jià gé** 찌아 거

多少? : 얼마큼?
**duō shǎo?** 뚜어 샤'오?

以后 : 나중에
**yǐ hòu** 이 허우

爸爸 : 아빠
**bà ba** 빠 바

生意 : 사업
**shēng yi** 셩'이

现在 : 지금
**xiàn zài** 씨엔 짜이

账户 : 계좌
**zhàng hù** 짱' 후

后 : 뒤
**hòu** 허우

日程 : 일정
**rì chéng** 르 청'

# 03 중국어의 성모

중국어에는 우리말의 자음에 해당하는 21개의 성모가 있어요.
성모 혼자서는 발음할 수 없기 때문에 모음 역할을 하는 운모의 도움을 받아 발음해요.
각각의 발음이 들어간 단어를 보고 따라 읽어보세요.

## 입술소리 b / p / m / f

다음 4가지 성모는 혀끝과 윗잇몸 소리입니다.
혀끝을 윗잇몸에 붙였다 떼면서 발음해보세요.

음~마

**b** ㅃ

| 1 빠오 **bāo** 가방 | 2 뻬이 **bēi** 잔 | 3 비 주목 **bǐ** 붓 | 4 뿌 **bù** 걸음, 보폭 |

**주목!** 성모 b는 우리말의 'ㅃ'에 가까운 소리지만, 2성이나 3성일 때는 'ㅂ'로 소리 날 때도 있습니다.

**p** ㅍ

| 1 팡 **pàng** 뚱뚱하다 | 2 피 **pí** 껍질 | 3 파오 **pǎo** 뛰다 | 4 파 **pà** 무서워하다 |

**m** ㅁ

| 1 마오 **māo** 고양이 | 2 마마 **māma** 엄마 | 3 마이 **mǎi** 사다 | 4 미 **mǐ** 쌀 |

**f** ㅍ<sup>f</sup> 주목

| 1 판<sup>f</sup> **fàn** 밥 | 2 푸<sup>f</sup> **fú** 복 | 3 페<sup>f</sup>이 **fēi** 날다 | 4 팡<sup>f</sup> **fàng** 놓아주다 |

**주목!** 성모 f는 영어의 'f' 발음과 같습니다. 윗니로 아랫입술을 살며시 깨물며 공기를 내뱉는 소리입니다.
우리말에는 없는 이 공기 소리를 이 책에서는 'ㅍf'로 표기합니다.

## 혀뿌리와 입천장의 소리 g / k / h

다음 3가지 성모는 혀뿌리와 입천장의 소리입니다.
목으로 공기를 강하게 내뿜으며 소리를 내보세요.

주목! 성모 g는 우리말의 'ㄲ'에 가까운 소리지만, 2성이나 3성일 때는 'ㄱ'로 소리 날 때도 있습니다.

# 혀끝과 윗잇몸 소리 d / t / n / l

다음 4가지 성모는 혀끝과 윗잇몸 소리입니다. 혀끝을 윗잇몸에 붙였다 떼면서 발음해보세요.

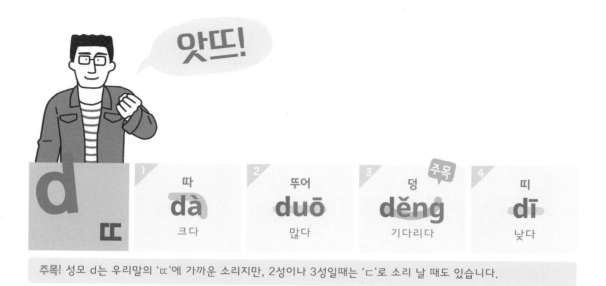

**d / ㄸ**

| 1 따<br>**dà**<br>크다 | 2 뚜어<br>**duō**<br>많다 | 3 덩 <sub>주목</sub><br>**děng**<br>기다리다 | 4 띠<br>**dī**<br>낮다 |

**주목!** 성모 d는 우리말의 'ㄸ'에 가까운 소리지만, 2성이나 3성일때는 'ㄷ'로 소리 날 때도 있습니다.

**t / ㅌ**

| 1 터우<br>**tóu**<br>머리 | 2 팅<br>**tīng**<br>듣다 | 3 투<br>**tǔ**<br>흙 | 4 타<br>**tā**<br>그녀 |

**n / ㄴ**

| 1 니<br>**nǐ**<br>너 | 2 난<br>**nán**<br>남자 | 3 니우<br>**niú**<br>소 | 4 뉘<br>**nǚ**<br>여자 |

**l / ㄹ**

| 1 을라<br>**là**<br>맵다 | 2 을리엔<br>**liǎn**<br>얼굴 | 3 을레이<br>**lèi**<br>힘들다 | 4 을루<br>**lù**<br>길 |

# 혓바닥과 입천장의 소리 j / q / x

다음 3가지 성모는 혓바닥과 입천장의 소리입니다.
입안의 공기가 모두 빠져나간다 생각하고 발음해보세요.

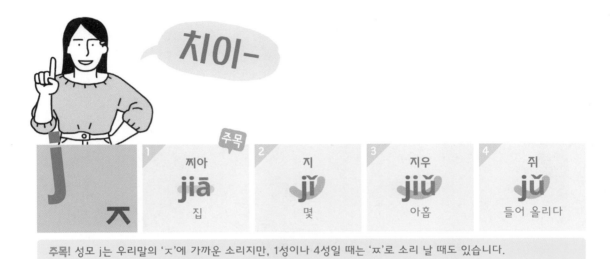

주목! 성모 j는 우리말의 'ㅈ'에 가까운 소리지만, 1성이나 4성일 때는 'ㅉ'로 소리 날 때도 있습니다.

주목! 성모 x는 우리말의 'ㅅ'에 가까운 소리지만, 1성이나 4성일 때는 'ㅆ'로 소리 날 때도 있습니다.

# 혀끝과 이 소리 z / c / s

다음 3가지 성모는 혀끝과 이 소리입니다.
혀끝을 윗니와 아랫니 사이에 가볍게 대고 바람을 내뱉어보세요.

주목! 성모 z는 우리말의 'ㅉ'에 가까운 소리지만, 2성이나 3성일 때는 'ㅈ'로 소리 날 때도 있습니다.

주목! 성모 s는 우리말의 'ㅆ'에 가까운 소리지만, 2성이나 3성일 때는 'ㅅ'로 소리 날 때도 있습니다.

## 혀끝과 잇몸 뒤쪽의 소리 zh / ch / sh / r

다음 4가지 성모는 혀끝과 잇몸 뒤쪽의 소리입니다.
혀끝을 살짝 말아 올려 발음해보세요.

**zh** 쯔ʳ

| 1 | 2 | 3 | 4 |
|---|---|---|---|
| 즈ʳ **주목** | 쭈ʳ | 쭝ʳ | 쟈ʳ오 |
| **zhǐ** | **zhū** | **zhòng** | **zhǎo** |
| 종이 | 돼지 | 무겁다 | 찾다 |

**주목!** 성모 zh는 우리말의 'ㅉ'에 가까운 소리지만, 2성이나 3성일 때는 'ㅈ'로 소리 날 때도 있습니다.

**ch** 츠ʳ

| 1 | 2 | 3 | 4 |
|---|---|---|---|
| 츠ʳ | 챵ʳ | 챠ʳ | 춘ʳ |
| **chī** | **cháng** | **chá** | **chūn** |
| 먹다 | 길다 | (마시는)차 | 봄 |

**sh** ㅅ ʳ

| 1 | 2 | 3 | 4 |
|---|---|---|---|
| 스ʳ | 쓔ʳ **주목** | 쉐ʳ이 | 쉐ʳ이 |
| **shí** | **shū** | **shuí** | **shuǐ** |
| 십 | 책 | 누구 | 물 |

**주목!** 성모 sh는 우리말의 'ㅅ'에 가까운 소리지만, 1성이나 4성일 때는 'ㅆ'로 소리 날 때도 있습니다.

**r** 르ʳ

| 1 | 2 | 3 | 4 |
|---|---|---|---|
| 르ʳ | 런ʳ | 러ʳ우 | 란ʳ |
| **rì** | **rén** | **ròu** | **rǎn** |
| 하루 | 사람 | 고기 | 물들이다 |

# 3장

아는 만큼 보인다

| 受欢迎的 : 인기 있는 | 电影 : 영화 | 第一次 : 처음으로 | 非常 : 매우 |
|---|---|---|---|
| shòu huān yíng de 셔'우 환 잉 더 | diàn yǐng 띠엔 잉 | dì yī cì 띠 이 츠 | fēi cháng 페'이 창' |

| 漂亮的 : 예쁜 | 楼梯 : 계단 | 那样 : 그런 | 旅客 : 여행객 |
|---|---|---|---|
| piào liang de 퍄오 량 더 | lóu tī 올러우 티 | nà yàng 나 양 | lǚkè 루이커 |

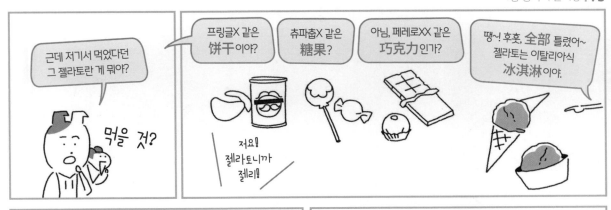

| 饼干 : 과자 | 糖果 : 사탕 | 巧克力 : 초콜릿 | 全部 : 전부 |
|---|---|---|---|
| bǐng gān 빙 깐 | táng guǒ 탕 구어 | qiǎo kè lì 챠오 커을리 | quán bù 취엔 뿌 |
| 冰淇淋 : 아이스크림 | 尝 : 맛보다 | 好的 : 좋아 | 好 : 좋다 |
| bīng qí lín 삥 치 울린 | cháng 창ˇ | hǎo de 하오 더 | hǎo 하오 |
| 那 : 그 | 不可能 : 불가능하다 | 可以 : 가능하다 | 同样 : 마찬가지로 |
| nà 나 | bù kě néng 뿌 커 넝 | kě yǐ 커 이 | tóng yàng 통 양 |

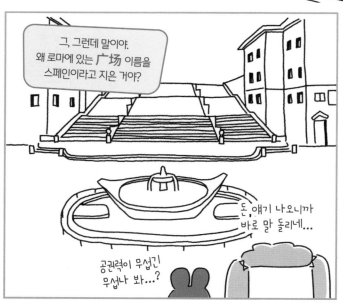

---

快速地 : 빠르게
**kuài sù de** 콰이 쑤 더

警察 : 경찰
**jǐng chá** 징 챠ˊ

警告 : 경고
**jǐng gào** 징 까오

钱 : 돈
**qián** 치엔

广场 : 광장
**guǎng chǎng** 구앙 챵ˇ

그건, 교황청의 스페인 대사관이 옛날부터 **这** 근처에 있었기 때문이야.

그보다, 우리 얼른 사진이나 찍자. 먼저 나부터 찍어줘. 자, 여기 **照相机** 받아.

남는 건 사진뿐!

오키도키!

오, 이거 **胶片** 카메라였네? 진짜 오랜만에 만져본다~

그게 뭐야? **一般** 카메라랑 다른 거야?

엄청 다르지~

**这种**한 옛날 카메라는 꼭 이 필름을 넣어야만 사진을 찍을 수 있어. 그런데 한 필름당 최대 36장 정도밖에 찍을 수 없고,

찍은 사진을 **立刻** 확인하고 싶어도, 현상하기 전에는 볼 수가 없지.

뭐야~ 너무 **不方便的**한 기계 아냐?

후훗, 하지만 그렇기 때문에 **照片** 한 장 한 장이 소중하게 느껴진다고~

와… 근데 이거 무지막지 **旧的**한 것 같은데? 도대체 언제 쓰던 물건이야?

청동기?

그거 우리 **奶奶**가 옛날부터 썼던 거야. 젊었을 적 할머니 취미가 세계여행이었는데

젊었을 때 그랬지~

---

| | | | |
|---|---|---|---|
| 这 : 이 | 照相机 : 사진기 | 胶片 : 필름 | 一般 : 일반 |
| **zhè** 쩌 | **zhào xiàng jī** 쨔오 씨앙 찌 | **jiāo piàn** 쨔오 피엔 | **yì bān** 이 빤 |
| 这种 : 이런 | 立刻 : 즉시 | 不方便的 : 불편한 | 照片 : 사진 |
| **zhè zhǒng** 쩌 종 | **lì kè** 올리 커 | **bù fāng biàn de** 뿌 팡 삐엔 더 | **zhào piàn** 쨔오 피엔 |
| 旧的 : 오래된 | 奶奶 : 할머니 | | |
| **jiù de** 찌우 더 | **nǎi nai** 나이 나이 | | |

유럽 旅行 중에 만난
어떤 사진작가한테 선물 받은 거랬어.

그런데, 후훗,
듣고 놀라지 마?

그 사진작가가 바로
우리 爷爷란 거지!

…왜
안 놀라?

?

놀라지
말라며.

…아무튼,
둘은 낯선 곳에서 만나
함께 여행하면서 자연스레
恋人 사이가 됐고,

그 뒤로 세월이 흐르고 흘러
이런 예쁜 孙女 까지
보게 된 거야~

우욱!

윽!

그러니까 실수라도
절대 掉하면 안 된다?
거기엔 정말 여러 가지 추억이 담겨…

앗, 떨어뜨렸다.
미안.

너 앞으로 한 번만 더
그딴 开玩笑하면
다음번엔 반드시…

죽인다!

끄덕끄덕×∞!

하하하
농담이지롱~
하하하, 헉!

내가
처음이자 最后
경고하는데,

덥석!

| 旅行 : 여행 | 爷爷 : 할아버지 | 恋人 : 연인 | 孙女 : 손녀 |
|---|---|---|---|
| lǚ xíng 을뤼 싱 | yé ye 예 예 | liàn rén 을리엔 런 | sūn nǚ 쑨 뉘 |
| 掉 : 떨어뜨리다 | 最后 : 마지막으로 | 开玩笑 : 농담하다 | |
| diào 땨오 | zuì hòu 쮀이 허우 | kāi wán xiào 카이 완 쌰오 | |

흥!
흥

그럼, 나 여기 站해 있을 테니까 잘 찍어라~?
필름 너무 안 아껴도 돼!
어엉...

어떻게 찍냐면, 음... 그래! 마치 童话 속에 나오는 요정처럼 찍어줘~
...응... 나만 믿어...!

요정? 놀고 있네! 내 저걸 그냥!
참아...
그럼 찍는다~!
오케이!

怎么样? 나 요정 같아? 귀여워?
으... 응, 요정까진 아니고 可爱한 것 같기는 해!
난 잠시 바람 좀 쐬고 올게...
찰칵! 찰칵! 찰칵!
비틀비틀

그런데 脸이 좀 딱딱한 것 같다! 긴장했어? 좀 더 자연스럽게 微笑해봐!
으응? 더 자연스럽게?

 이렇게?
 아니, 아직도 어색해!
 좀 放松하란 말이야! 심호흡해 볼래?
 후우... 이... 이렇게?
 우냐! 무슨 悲哀的한 일이라도 있었어!?

저게!

| 站 : 서다 zhàn 짠 | 童话 : 동화 tóng huà 통 화 | 怎么样? : 어때? zěn me yàng? 전 머 양? | 可爱 : 귀여운 kě ài 커 아이 |
| 脸 : 얼굴 liǎn 을리엔 | 微笑 : 미소 짓다 wēi xiào 웨이 쌰오 | 放松 : 긴장을 풀다 fàng sōng 팡 쏭 | 悲哀的 : 슬픈 bēi āi de 뻬이 아이 더 |

…이제 됐어?

옳지! 좋아, 아주 좋아! 그대로만 있어! 다시 찍는다! 자, 茄子~!!

찰칵

찰칵

찰칵

후… 고생하네, 우리 형.

파이팅!!

휴… 오케이! 이 정도로 拍照했으면 하나쯤은 건지겠지.

다 찍었어?

응!

그럼 이제 내 차례야! 바톤터치!

잘 찍었으려나 모르겠네…

짝!

홋, 그런 낡은 카메라가 나의 이 玉颜을 잘 담을 수 있을진 모르겠지만…

쓱쓱

자, 준비 완료! 어서 찍어!

어, 어…

찍는다~

우웩, 저 可怕的한 꼬락서니는 또 뭐야.

아, 맞다! 동생아~ 너도 컴온!

흥, 안 불러줘서 伤心했잖아! 같이 찍으려고 준비하고 있었는데…

슈우웅

찰칵

찰칵

아하하, 설마 내가 너를 잊겠니? 내 단 하나뿐인 兄弟를…

울-컥!

…형!

찰칵

찰칵

---

茄子! : 치즈![사진 찍을 때]
**qié zi!** 치에 즈!

拍照 : 사진을 찍다
**pāi zhào** 파이 쨔오

玉颜 : 잘생긴 얼굴
**yù yán** 위 앤

可怕的 : 끔찍한
**kě pà de** 커 파 더

伤心 : 속상하다
**shāng xīn** 쌍 씬

兄弟 : 남자 형제
**xiōng dì** 씨옹 띠

| | | | |
|---|---|---|---|
| 自然地 : 자연스럽게 | 丑的 : 못생긴 | 认真地 : 진지하게 | 血 : 피 |
| **zì rán de** 쯔 란 더 | **chǒu de** 쳐′우 더 | **rèn zhēn de** 런 쩐′더 | **xiě** 시에 |

最 : 가장
zuì 쮀이

那个 : 그것
nà ge 나 거

艺术 : 예술
yì shù 이 쑤

硬币 : 동전
yìng bì 잉 삐

동전 던지기?

후훗, 맞아!
여기서 분수를 향해 동전을 投하면 소원이 이루어진대!

알았다!
소원 비는 거구나!

우쭈쭈~
聪明! 우리 애기!

흥, 누가 그걸 몰라서 물어봤나...

쓰담 쓰담

배시시

그냥 任何地方에 있는 흔한 설정이라 실망했을 뿐이지.

흥,
다른 곳이랑은 完全 다르거든?
여기선 동전을 던지는 방법이 정해져 있단 말이야.

설마 질투..?

우선 분수를 등지고,
오른손에 동전을 쥔 다음,
왼쪽 肩膀 너머로 던져야
소원이 이루어진다고.

그리고 던지는 횟수에 따라 동전이 의미하는 소원의 내용이 달라져.

소원의 내용?

그래,
동전을 一次 던지면 로마에 다시 돌아오게 되고

Return to Rome

两次 던지면 바라던 사랑이 이루어지게 되고

| | | |
|---|---|---|
| 投 : 던지다 | 聪明 : 영리하다 | 任何地方 : 어디든지 | 完全 : 전적으로 |
| tóu 터우 | cōng míng 총 밍 | rèn hé dì fāng 런 허 띠 팡 | wán quán 완 취엔 |
| 肩膀 : 어깨 | 一次 : 한번 | 两次 : 두번 | |
| jiān bǎng 찌엔 방 | yī cì 이 츠 | liǎng cì 을리앙 츠 | |

| | | | |
|---|---|---|---|
| 三次 : 세 번 <br> **sān cì** 싼 츠 | 很 : 매우 <br> **hěn** 헌 | 吸引 : 끌다 <br> **xī yǐn** 씨 인 | 给 : 주다 <br> **gěi** 게이 |
| 几遍 : 몇 번 <br> **jǐ biàn** 지 삐엔 | 丢脸 : 부끄럽다. <br> **diū liǎn.** 띠우 울리엔. | | |

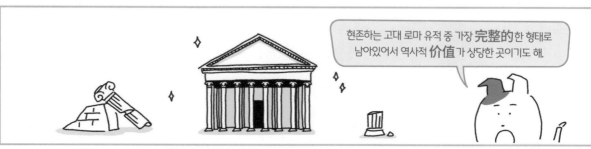

语言 : 언어
**yǔ yán** 위 옌

完整的 : 온전한
**wán zhěng de** 완 쩡더

价值 : 가치
**jià zhí** 찌아 즈

奇怪的 : 이상한
**qí guài de** 치 꽈이 더

| | | | |
|---|---|---|---|
| 答复 : 대답하다<br>**dá fù** 다 푸ˋ | 上课 : 수업<br>**shàng kè** 쌍ˋ커ˋ | 唯一的 : 유일한<br>**wéi yī de** 웨이 이 더 | 事件 : 사건<br>**shì jiàn** 쓰ˋ 찌엔ˋ |
| 历史 : 역사<br>**lì shǐ** ㄹ리ˋ 스ˇ | 隐藏 : 숨기다<br>**yǐn cáng** 인ˇ 창ˊ | 学习 : 공부<br>**xué xí** 쉬에ˊ 시ˊ | |

傻瓜 : 바보
shǎ guā 샤'꽈

反正 : 그건 그렇고
fǎn zhèng 판 쯔엉

入场费 : 입장료
rù chǎng fèi 루 창'페이

售票处 : 매표소
shòu piào chù 셔'우 퍄오 츄'

那里 : 저기
nà lǐ 나 을리

天花板 : 천장
tiān huā bǎn 티엔 화 반

小的 : 작은
xiǎo de 샤오 더

那个 : 저것
nà ge 나 거

大的 : 큰
dà de 따 더

空间 : 공간
kōng jiān 콩 찌엔

原来如此. : 그렇구나.
yuán lái rú cǐ. 위엔 올라이 루 츠.

雕像 : 조각품
diāo xiàng 따오 씨앙

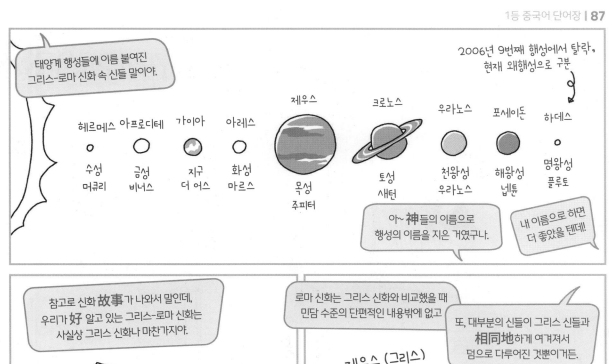

| | | | |
|---|---|---|---|
| 神 : 신 | 故事 : 이야기 | 好 : 잘 | 相同地 : 동일하게 |
| **shén** 션 | **gù shi** 꾸 스 | **hǎo** 하오 | **xiāng tóng de** 씨앙 통 더 |
| 听 : 듣다 | 不一样的 : 다른 | 山 : 산 | |
| **tīng** 팅 | **bù yí yàng de** 뿌 이 양 더 | **shān** 싼 | |

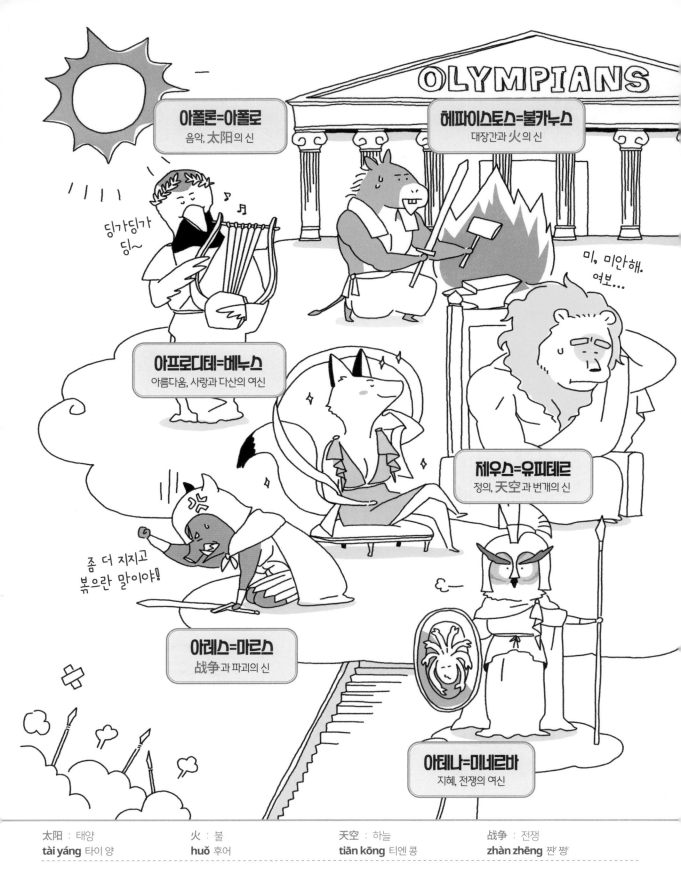

太阳 : 태양
tài yáng 타이 양

火 : 불
huǒ 후어

天空 : 하늘
tiān kōng 티엔 콩

战争 : 전쟁
zhàn zhēng 짠 쩡

月亮 : 달
yuè liang 위에 량

婚姻 : 결혼
hūn yīn 훈 인

地 : 땅
dì 띠

海 : 바다
hǎi 하이

酒 : 술
jiǔ 지우

耳朵 : 귀
ěr duo 얼 두어

**起初**에는 이러한 신들을 기리기 위한 목적으로 지어진 판테온이지만 시간이 흘러 가톨릭 성당으로 변모하면서

동로마 황제가 교황에게 넘겨주었지.

기존에 있던 로마의 신을 상징하는 모든 것들이 철저하게 훼손되었어.

유일신을 **相信**하는 가톨릭 입장에서 그들은 미신이랑 다를 바 없었으니까.

응? 쟤네 뭐 하는 거야?

저기 **墙**을 따라 일정한 간격으로 움푹 파여 있는 공간들 보이지?

저 **里面**에는 현재 가톨릭 성자들의 모습을 형상화한 조각품들이 있지만 **过去**에는 유피테르, 베누스, 마르스와 같은 주신들의 조각품이 있었을 거라고 해. 그뿐만이 아니라 모든 신을 기리는 장소이니만큼

그뿐만이 아니라…

그 외에도 수많은 신의 조각품 또한 있었을 거라고 하는데… 지금은 그 웅장한 모습을 볼 수 없다는 게 **太** 아쉬울 따름이지.

before

after

절레절레

---

起初 : 처음에는
**qǐ chū** 치 츄

相信 : 믿다
**xiāng xìn** 씨앙 씬

墙 : 벽
**qiáng** 치앙

里面 : 안쪽
**lǐ miàn** 을리 미엔

过去 : 과거
**guò qu** 꾸어 취

太 : 너무
**tài** 타이

르네상스 시대 이래로 이곳은 로마의 주요 인물들을 위한 무덤으로도 사용되었어.

그 시대를 대표하는 **天才** 화가 라파엘로의 무덤도 이곳에 있지.

짜잔! 바로 여기야.

그는 생전에 이 신전을 **世界**에서 가장 아름답고 완벽한 건물이라고 칭했어.

그래서 자신이 언젠가 죽게 되면 이곳에 묻히길 간절히 **希望**했는데, 그 소원은 더할 나위 없는 형태로 이루어졌지.

하, 완벽해. 죽어서도 저기에 가고 싶다.

(잠시 후념)

그리고, 이곳은 현재까지도 가톨릭 성당으로 사용되고 있어서 일요일이 되면 **实际上** 미사가 열리기도 하고

주요 종교행사나 **婚礼**와 같은 기념행사가 행해지기도 해.

---

天才 : 천재
**tiān cái** 티엔 차이

世界 : 세계
**shì jiè** 쓰'찌에

希望 : 바라다
**xī wàng** 씨 왕

实际上 : 실제로
**shí jì shang** 스'찌 샹'

婚礼 : 결혼식
**hūn lǐ** 훈 을리

結婚 : 결혼하다
**jié hūn** 지에 훈

一个人 : 혼자
**yí gè rén** 이 꺼 런

兴奋的 : 신이난
**xīng fèn de** 씽 펀 더

雨 : 비
**yǔ** 위

科学 : 과학
**kē xué** 커 쉬에

两个人 : 두 사람
**liǎng ge rén** 올리앙 거 런

外边 : 밖
**wài biān** 와이 삐엔

午餐 : 점심 식사
**wǔ cān** 우 찬

药 : 약
**yào** 야오

원형으로 만들어진 극장이자 경기장으로, 당시 유행하던 **话剧**를 관람할 수 있는 장소였을 뿐만 아니라 검투사와 맹수들의 혈투로 언제나 피비린내가 진동하던 곳이었지.

떡 하나 주면 안 잡아먹지~!

**每天** 사람들의 발길이 끊이지 않는 핫한 장소였다고!

알겠니, 동생아?

???

안 물어봤는데?

뭐, 지금은 보다시피 **原来的** 형체 중 3분의 1밖에 남아있지 않아 먼 옛날에 보였을 **令人惊讶的**한 모습은 온데간데없지만,

오~ 역시 잘 알고 있네.

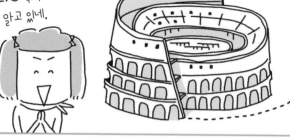

话剧 : 연극
huà jù 화 쮜

每天 : 매일
měi tiān 메이 티엔

原来的 : 원래의
yuán lái de 위엔올라이 더

令人惊讶的 : 경이로운
lìng rén jīng yà de 올링 런 찡 야 더

당시엔 로마를 상징하는 최고, 최대의 건축물이기도 했지.

사실, 원형경기장은 여기 외에도 이탈리아 곳곳에 존재하고 있어. 하지만 그것들의 대부분은 도시 외곽 지역에 있는 것과 **不同地** 하게 콜로세움은 특이하게도 이렇게, 시내 한복판에 있지.

궁금해지, 애기야?

안 궁금했는데?

그 이유는..

원래 이 자리에 있던 네로 황제의 황금 궁전을

불쑥!

베스파시아누스 황제가 허물어 버리고 그 위에다가 콜로세움을 **建设** 했기 때문이야.

지나갑니다, 가요~

네로 황제 집권 시절, 이 지역은 로마 시민들의 주거지가 모여 있는 도시였는데, 어느 날 큰 화재가 **发生** 해서 도시의 3분의 2 규모가 모두 잿더미로 변하고 말았어.

이후, 네로 황제는..

시민들의 주거지역을 되살리기기는커녕 땅을 모조리 몰수했고!

불쑥!

---

不同地 : 다르게
bù tóng de 뿌 통 더

建设 : 건설하다
jiàn shè 찌엔 셔'

发生 : 발생하다
fā shēng 파' 셩'

金으로 도배된 초호화 건축물인
황금 궁전을 지어 자신 개인의 소유물로 삼아버렸지.
그것도 시민들에게서 쥐어짜 낸 税로 말이야.

이를 위해 네로가 일부러 방화를
举行했다는 설도 있어.

다 태워버리고
내 땅으로! 하하!!

네로의 이런 强制的한 정책은
결국 로마 전역에 폭동을 유발하기에 이르렀고,

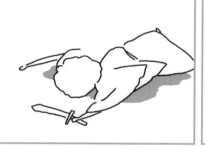

이윽고 원로원으로부터
국가의 적으로 선포 당한 네로는
처형을 당하는 대신 자살을 选择했지.

그 후, 军人이었던
베스파시아누스라는 인물이
새로운 황제로 추대되었는데

서기 72년,
그는 황금 궁전을 허물고
공공시설물인 콜로세움을
건설하기 시작함으로써,

꾸욱!

아얏.

폭군 네로가 시민들로부터
빼앗다시피 한 땅을!

으헉!

으앗!

시민들에게 다시
归还 해준 거야!

---

金 : 금
**jīn** 찐

税 : 세금
**shuì** 쒜'이

举行 : 거행하다
**jǔ xíng** 쥐 싱

强制的 : 강압적인
**qiáng zhì de** 치앙 쯔'더

选择 : 선택
**xuǎn zé** 쉬엔 저

军人 : 군인
**jūn rén** 쮠 런

归还 : 반납하다
**guī huán** 꿰이 환

我该说的话呢. : 내가 할 말이다.
**wǒ gāi shuō de huà ne.** 워 까이 쓔'어 더 화 너.

熟悉 : 잘 알다
**shú xī** 쓔 씨

彻夜 : 철야
**chè yè** 쳐'예

说明 : 설명하다
**shuō míng** 쓔'어 밍

打赌 : 돈을 걸다
**dǎ dǔ** 다 두

愿望 : 소원
**yuàn wàng** 위엔 왕

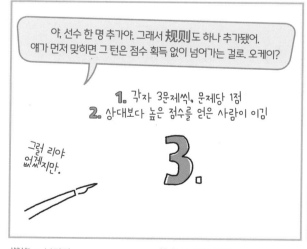

| 燃烧 : 불타다 | 什么 : 어떤, 무엇 | 多 : 많다 | 比赛 : 시합 |
|---|---|---|---|
| rán shāo 란 쌰오 | shén me 션 머 | duō 뚸어 | bǐ sài 비 싸이 |
| 规则 : 규칙 | 挑动 : 도발 | | |
| guī zé 꿔이 저 | tiǎo dòng 탸오 똥 | | |

---

| | | | |
|---|---|---|---|
| **体育馆** : 체육관 | **铅笔** : 연필 | **先** : 먼저 | **你先吧.** : 먼저 하세요. |
| **tǐ yù guǎn** 티 위 관 | **qiān bǐ** 치엔 비 | **xiān** 씨엔 | **nǐ xiān ba.** 니 씨엔 바. |
| **儿子** : 아들 | **庆典** : 축제 | **多样的** : 다양한 | |
| **ér zi** 얼 즈 | **qìng diǎn** 칭 디엔 | **duō yàng de** 뚜어 양 더 | |

당시 축제 프로그램에는 우리가 알고 있는 검투사 대결이나 **动物** 사냥 말고도

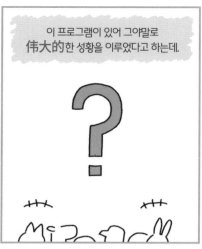

이 프로그램이 있어 그야말로 **伟大的**한 성황을 이루었다고 하는데.

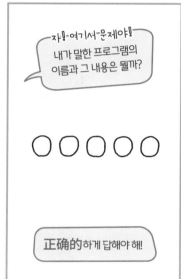

자! 여기서 문제야! 내가 말한 프로그램의 이름과 그 내용은 뭘까?

◯◯◯◯◯

**正确的**하게 답해야 해!

훗! 너무 **容易的**한 문제 아냐? 정…

정답!

빡!

호오~ 엄청 **快**한데? 그래서 정답은!?

나우마키아!

설마 맞히겠, 으응!!?

나우마키아는 콜로세움 내부에서 치러진 모의 해상 전투야!
수로를 통해 끌어온 **许多**한 물을 콜로세움 지하에서부터
가득 채워 넣고 그 위에 배를 띄워서 결투를 벌인 거지!

와아아

| | | | |
|---|---|---|---|
| 动物 : 동물 | 伟大的 : 엄청난 | 正确的 : 정확하게 | 容易的 : 쉬운 |
| dòng wù 똥 우 | wěi dà de 웨이 따 더 | zhèng què de 쩡 치에 더 | róng yì de 롱 이 더 |
| 快 : 빠른 | 许多 : 많은 | | |
| kuài 콰이 | xǔ duō 쉬 뚜어 | | |

어떤 방법으로 경기장 안에 **装满的**한 물을 새어 나가지 않게 막을 수 있었는지, 어떻게 군함을 경기장 안으로 들여올 수 있었는지 등은 **仍然** 베일에 감춰져 있지만,

어쨌든! 이 모의 해전은 원래 전쟁 승리를 **纪念**하던 행사였는데

나중에는 범죄자와 노예들을 배에 태워서

그들 **所有人**이 죽을 때까지 행사를 진행하는 것으로 변질하였어!

맞지?

정답!!!
아~주 정확했어! 퍼펙트!

헷, 문제의 **水平**이 너무 낮았어!

짝!

후후, 이 패배자 녀석! 넌 선취점을 얻을 **机会**를 훗! 하고 거만 떨다가 풍~ 하고 날려버린 거야!

.........

...훗!

까딱 까딱

크응, 분하다... 설마 저 땅꼬마 녀석이 알고 있을 줄이야..!

후우~ 진정하자...

이번에 엄청 **困难的**한 문제를 내서 못 맞히게 하면 돼!

뭐해? 네 차례야.

---

装满的 : 가득 찬
**zhuāng mǎn de** 쮸'앙 만 더

仍然 : 여전히
**réng rán** 렁 란

纪念 : 기념하다
**jì niàn** 찌 니엔

所有人 : 모두
**suǒ yǒu rén** 수어 여우 런

水平 : 수준
**shuǐ píng** 쉐'이 핑

机会 : 기회
**jī huì** 찌 후이

困难的 : 어려운
**kùn nán de** 쿤 난 더

빠릿!

좋았어… 문제 낼게!

드루와! 드루와!

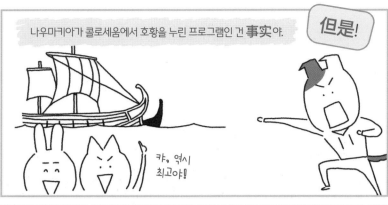

나우마키아가 콜로세움에서 호황을 누린 프로그램인 건 **事实**야.

但是!

캬, 역시 최고야!

뭐니 뭐니 해도 콜로세움의 하이라이트는 검투사들의 결투였지. 검투사들의 신분은 대부분 전쟁포로 출신의 노예였어.

죄인도 있었지.

이들은 피비린내 나는 투기장에서 **幸存**하기 위해 눈앞에 있는 상대와 그야말로 필사적으로 **打架**했을 거야.

그러나, 결투란 건 어찌 됐든 승자와 패자가 갈리게 되어 있는 법!

결투에서 승리한 승자는 노예 신분에서 벗어나 **自由**의 몸이 될 수 있었지만, 패자는 황제에 의해 그 즉시 **生**과 **死亡**이 정해졌어.

WIN    LOSE

흠, 이놈을 어떻게 할까나~? 살려? 죽여?

事实 : 사실
shì shí 쓰 스

但是 : 그러나
dàn shì 딴 쓰

幸存 : 살아남다
xìng cún 씽 춘

打架 : 싸우다
dǎ jià 다 찌아

自由 : 자유
zì yóu 쯔 여우

生 : 생
shēng 셩

死亡 : 죽음
sǐ wáng 스 왕

황제가 엄지손가락을 치켜세우면 **生存**하고, 밑으로 내리면 꼼짝없이 죽는 것이었는데 여기서 웃긴 건 황제의 판결이 **大众**이 요구하는 대로 정해졌다는 점이야.

대중들은 패자가 **勇敢地**하게 싸웠다는 생각이 들면 엄지손가락을 치켜세우며 미테(살려 줘라)! 미테(살려 줘라)! 라고 외쳤고,

패자가 비겁하게 굴었다고 생각되면 엄지를 아래로 향하며 이우굴라(죽여라)! 이우굴라(죽여라)! 라고 **叫喊**했어.

때문에, 황제는 결투에서 진 검투사가 **个人地**로 마음에 들어 살리고 싶어도

대중들이 **杀死**하기를 요구하면 어쩔 수 없이 죽음을 선고해야만 했지.

| | |
|---|---|
| 生存 : 살다<br>shēng cún 셩'춘 | 大众 : 대중<br>dà zhòng 따 쯍' |
| 个人地 : 개인적으로<br>gè rén de 꺼 런 더 | 杀死 : 죽이다<br>shā sǐ 쌰 스 |

| | |
|---|---|
| 勇敢地 : 용감하게<br>yǒng gǎn de 용 간 더 | 叫喊 : 외치다<br>jiào hǎn 쨔오 한 |

---

| | | | |
|---|---|---|---|
| 行为 : 행동 | 更大的 : 더 큰 | 低的 : 낮은 | 职业 : 직업 |
| **xíng wéi** 싱 웨이 | **gèng dà de** 껑 따 더 | **dī de** 띠 더 | **zhí yè** 즈'예 |
| 荣誉 : 명예 | 而且 : 게다가 | | |
| **róng yù** 롱 위 | **ér qiě** 얼 치에 | | |

见面 : 만나다
**jiàn miàn** 찌엔 미엔

做 : 만들다
**zuò** 쭈어

脏的 : 더러운
**zāng de** 짱 더

香水 : 향수
**xiāng shuǐ** 씨앙 쉐'이

呀吼! : 앗싸!
**yā hǒu!** 야 허우!

容易地 : 쉽게
**róng yì de** 롱 이 더

惊讶的 : 깜짝 놀란
**jīng yà de** 찡 야 더

| 有时 : 때때로 | 所以 : 그래서 | 这次 : 이번에 | 深地 : 깊게 |
|---|---|---|---|
| **yǒu shí** 여우 스 | **suǒ yǐ** 수어 이 | **zhè cì** 쩌 츠 | **shēn de** 션 더 |

| 游戏 : 놀이 | 国外的 : 외국의 |
|---|---|
| **yóu xì** 여우 씨 | **guó wài de** 구어 와이 더 |

이를 통해 로마 제국이 정복한 도시들을 시민들에게 환기함으로써 황제의 力量을 과시하려는 목적도 있었죠. 즉, 콜로세움이란 오락을 통해 황제와 시민들 간의 정치적 沟通이 이루어지는 무대이기도 했던 것입니다.

캬, 역시 황제 폐하가 최고예요!

서기 81년, 티투스의 사망으로 다음 황제가 된 도미티아누스 황제는

티투스의 동생

이를 잘 理解하고 있었기에 콜로세움을 보다 화려한 공간으로 꾸미기에 앞장섭니다. 3층까지 지어져 있던 콜로세움을 4층까지 증축하여 完全地하게 건설하는가 하면,

콜로세움 지하에 히포지움이라는 검투사들과 맹수들의 대기 공간을 설치하여 경기가 开始하면 승강장치를 통해 그들을 차례차례 경기장으로 올려보냄으로써 전에 없던 극적이고 박진감 넘치는 表演을 연출하기도 하고,

드디어 시작합니다! 검투사 입장!

야간 경기를 주최하여 白天과는 180도 다른 분위기를 즐길 수 있도록 하는 등, 기존에는 없던 新的한 무대 연출을 시도해 시민들에게 크나큰 재미를 선사하였는데요.

역시 낮보다 밤이 재밌어.

| 力量 : 힘 | 沟通 : 의사소통 | 理解 : 이해하다 | 完全地 : 완전히 |
|---|---|---|---|
| lì liang 을리 울리앙 | gōu tōng 꺼우 통 | lǐ jiě 을리 지에 | wán quán de 완 취엔 더 |
| 开始 : 시작 | 表演 : 쇼 | 白天 : 낮 | 新的 : 새로운 |
| kāi shǐ 카이 스 | biǎo yǎn 뱌오 옌 | bái tiān 바이 티엔 | xīn de 씬 더 |

빠밤! 여기서 문제입니다!
콜로세움의 정식 명칭은
플라비우스 원형 剧场이라고 합니다.

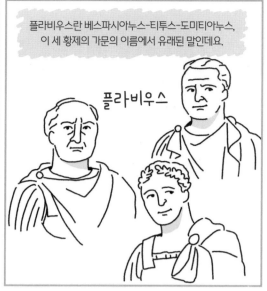

플라비우스란 베스파시아누스-티투스-도미티아누스,
이 세 황제의 가문의 이름에서 유래된 말인데요.

플라비우스

그렇다면, 콜로세움이란 이름은
도대체 어디서 유래된 말일까요?

콜로세움=?

엥? 뭐야! 앞 얘기랑은
全部 상관없는 문제잖아!

삑삑삑
삑삑삑삑삑!
정답! 정답!

휘이크다,
이 녀석아!

그리고 아직 문제 내는
도중이거든. 샷따 마우스!

예... 옙.

크흠...! 문제는 객관식으로 네 개의 보기가 있습니다.
보기 중에는 제가 거짓으로 꾸며낸 奇怪的한 답도
섞여 있으니 잘 듣고 알맞은 답을 选해주시기 바랍니다.

1 2 3 4

애 너무
이입한 거 같은데...

---

剧场 : 극장
**jù chǎng** 쮜 창

全部 : 전부
**quán bù** 취엔 뿌

奇怪的 : 이상한
**qí guài de** 치 꽈이 더

选 : 고르다
**xuǎn** 쉬엔

| 河 : 강 | 足球 : 축구 | 网球 : 테니스 | 篮球 : 농구 |
|---|---|---|---|
| **hé** 허 | **zú qiú** 주 치우 | **wǎng qiú** 왕 치우 | **lán qiú** 을란 치우 |

| 排球 : 배구 | 明确地 : 분명하게 |
|---|---|
| **pái qiú** 파이 치우 | **míng què de** 밍 취에 더 |

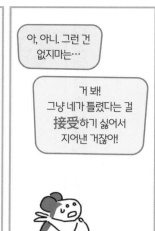

| | | | |
|---|---|---|---|
| 现在 : 현재<br>**xiàn zài** 씨엔 짜이 | 详细的 : 구체적인<br>**xiáng xì de** 시앙 씨 더 | 接受 : 받아들이다<br>**jiē shòu** 찌에 셔'우 | 询问 : 묻다<br>**xún wèn** 쉰 원 |
| 哪个 : 어느 것, 어떤<br>**nǎ ge** 나 거 | 两个都 : 둘 다<br>**liǎng gè dōu** 을리앙 꺼 떠우 | 吵架 : 싸우다<br>**chǎo jià** 차'오 지아 | 哭 : 울다<br>**kū** 쿠 |
| 和好 : 화해하다<br>**hé hǎo** 허 하오 | | | |

争论 : 말다툼하다
zhēng lùn 쩡ㄹ을룬

可爱的 : 사랑스러운
kě ài de 커 아이 더

拥抱 : 껴안다
yōng bào 용 빠오

接吻 : 키스하다
jiē wěn 찌에 원

音乐 : 음악
yīn yuè 인 위에

| | | | |
|---|---|---|---|
| 跳舞 : 춤 | 夜总会 : 클럽 | 情侣 : 커플 | 疯狂 : 미치다 |
| **tiào wǔ** 탸오 우 | **yè zǒng huì** 예 종 후이 | **qíng lǚ** 칭 울뤼 | **fēng kuáng** 펑ʳ 쿠앙 |

特別的 : 특별한
**tè bié de** 터 비에 더

最近 : 최근에
**zuì jìn** 쭈이 찐

想象 : 상상하다
**xiǎng xiàng** 시앙 씨앙

创造性的 : 창조적인
**chuàng zào xìng de** 추'앙 짜오 씽 더

昨天 : 어제
**zuó tiān** 주어 티엔

| | | | |
|---|---|---|---|
| 老的 : 늙은<br>**lǎo de** 올라오 더 | 事故 : 사고<br>**shì gù** 쓰ˇ꾸 | 同事 : 동료<br>**tóng shì** 통 쓰ˇ | 已经 : 이미<br>**yǐ jīng** 이 징 |
| 严重的 : 심각한<br>**yán zhòng de** 옌 쫑ˇ 더 | 积极的 : 긍정적인<br>**jī jí de** 찌 지 더 | 消极的 : 부정적인<br>**xiāo jí de** 쌰오 지 더 | 讨厌 : 미워하다<br>**tǎo yàn** 타오 옌 |

지난 몇십 년 동안 얼마나 괴로웠길래
이제 와서 나를 **伤人** 했겠나.
그렇게 생각하니 도리어 그자가
불쌍해져서 말이야…

그냥, 아무 말 없이
**原谅** 해주기로
마음먹었다네.

이야, 정말 멋지신데요?
**谁** 도 쉽게 못 할 일을
행동으로 옮기신 거잖아요!

성인군자가 어디 있나 했더니
바로 요! 기! 있었네요~? 하하하.

친구
먹었냐?

예끼, 이 사람아!
노인을 놀리면 쓰나~
껄껄껄.

그나저나…
내가 좀 **惊讶**해서 말이야…

자네!

네?
저요?

저들의 춤을 얕잡아보는 것 같던데…
자네야말로 머릿속에 정신이
**正确地**하게 박혀 있는 게야?

아, 아니… 제가 보기엔
그냥 춤에 대해 1도 모르는 애들이
까불면서 놀고 있는 것 같길래…

---

伤人 : 다치게 하다　　　　原谅 : 용서하다　　　　谁 : 누구　　　　惊讶 : 놀라다
**shāng rén** 사앙 런　　　**yuán liàng** 위엔'을리앙　　**shéi** 셰'이　　　**jīng yà** 찡 야

正确地 : 옳게
**zhèng què de** 쩡' 취에 더

에잉, 쯧쯧…
이 **笨的**한 사람아.
두 눈은 도대체 왜 달고 다니나?

이런 **美妙的**한
광경을 눈앞에 두고도
그딴 말이나 지저귀다니…

후… 이래서 사람은
배워야 하는 걸세.

도리도리

빠직

왠지 기분 나쁜데.

흠… 내 비록 바쁜 몸이긴 하나,
잠시 짬을 내어 저들의 춤이 왜 굉장한 건지
알려주도록 하겠네.

뭐, 강의료는
**收費** 하지 않을 테니
안심하고 듣게나.

네…네에?

껄껄껄

나 참, 요새 **年轻的**한 놈들에겐
도무지 농담이 안 통하는구먼.

이게 말로만 듣던
세.대.차.이?

…에흠!
먼저, 저 여자의 춤을
한번 자세히 보시게.
그녀에게서 무언가
연상되지 않는가?

---

笨的 : 어리석은
**bèn de** 뻔 더

美妙的 : 아주 멋진
**měi miào de** 메이 먀오 더

收費 : 돈을 받다
**shōu fèi** 셔'우 페'이

年轻的 : 젊은
**nián qīng de** 니엔 칭 더

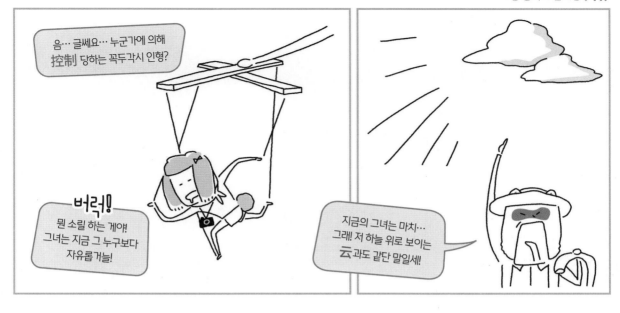

控制 : 조종
kòng zhì 콩 쯔

云 : 구름
yún 윈

打破 : 깨뜨리다
dǎ pò 다 포 어

没有 : 없다
méi yǒu 메이 여우

笔记 : 메모
bǐ jì 비 찌

姐妹 : 여자 형제
jiě mèi 지에 메이

초딩

**权威的**한 성격을 가진 언니는 어려서부터 사사건건 그녀에게 명령했을 거야.

야, 나 이제 잘 거니까 내 방으로 와서 불 좀 **关掉**해! 빨리 안 와!?

고딩

엄마가 나보고 집 **打扫** 하라고 했는데 귀찮으니까 네가 해! 빨리 안 해!?

직딩

이거 어제 산 물건인데 마음에 안 드니까 네가 가서 **退还**해 와! 빨리 안 가!?

그래서 저 여자는 언니에게서 벗어나 **自由地**하게 살고 싶다고 생각하며 자랐을 것이고, 쌓이다 못해 넘쳐버린 그 마음이 지금 춤으로 나타나고 있는 게지.

대, 대단하시네요! 춤을 통해 그 사람의 인생까지 **猜**하실 수 있는 건가요!?

헛소리 같은데…

| | | |
|---|---|---|
| 权威的 : 권위적인<br>**quán wēi de** 취엔 웨이 더 | 关掉 : 끄다<br>**guān diào** 꽌 따오 | 打扫 : 청소하다<br>**dǎ sǎo** 다 사오 |
| 自由地 : 자유롭게<br>**zì yóu de** 쯔 여우 더 | 猜 : 추측하다<br>**cāi** 차이 | |

退还 : 환불하다
**tuì huán** 퉈이 환

이쯤이야, 뭘. 나만큼 **经历**를 쌓으면 자네도 자연스레 할 수 있게 될 걸세.

저, 정말인가요~!?

멍~

자네! 한눈팔지 말고 이번엔 저 남자를 한번 보시게나. 그에게선 무엇이 연상되는가?

서, 성가셔~

음… 박람회에서 자신 있게 선보인 모 벤처기업의 로봇이 그날따라 **误差**를 일으켜 삐거덕거리는

삐릿, 삐리릿!

옳지! 이번엔 바로 보았네! 그는 마치 로봇, 즉! **机器**와도 같은 정밀한 움직임을 보여주고 있잖네!

껄껄껄

그것이 밑바탕에 깔려있기 때문에 **搭档**의 저런 불규칙한 움직임에도 모두 대응할 수 있는 거라네!

우와아아아아아!!

홋, 저런 움직임을 몸에 새기기 위해 그가 얼마나 춤을 **练习**했을지… 눈에 아주 선하구먼.

혼자서 북 치고 장구 치고 앉아있네…

---

| | |
|---|---|
| 经历 : 경험 | 误差 : 오류 |
| **jīng lì** 찡 을리 | **wù chā** 우 챠 |
| 机器 : 기계 | 搭档 : 파트너 |
| **jī qì** 찌 치 | **dā dàng** 따 땅 |
| 练习 : 연습 | |
| **liàn xí** 을리엔 시 | |

继续 : 계속하다
jì xù 찌 쒸

感谢 : 감사하다
gǎn xiè 간 씨에

要求 : 요청　　　　蘑菇 : 버섯　　　　画儿 : 그림　　　　幸运 : 운이 좋다, 행운
yāo qiú 야오 치우　　mó gu 모어 구　　huà er 화 얼　　xìng yùn 씽 윈

同意 : 동의하다
tóng yì 통 이

---

护士 : 간호사
hù shi 후 스

每次 : 매번
měi cì 메이 츠

返回 : 되돌아가다
fǎn huí 판 후이

那位 : 저분
nà wèi 나 웨이

...어휴, 또 길 가는 사람 아무나 抓해서 말도 안 되는 헛소리를 늘어놓으셨나 보네요.

!!

댄서는 무슨, 저 사람 원래 전봇대 수리하는 工程师인데 생활고에 시달리다 못해 결국 도둑질하려고 남의 집 屋顶 위에 올라가다가

고양이 울음소리에 깜짝 놀라 밑으로 落下해서 입원하신 분이에요.

그때 다리랑 같이 머리도 다쳤는지 지금은 정신이 좀 오락가락하는 病人이니까…

한 귀로 듣고 흘려버리세요.

자네들! 뭐 하고 있는 게야! 보고만 있지 말고 나 좀 帮해주시게!

휙!   휙!

어, 어이! 无视하는 게야!?

| | | | |
|---|---|---|---|
| 抓 : 잡다<br>**zhuā** 쮸'아 | 工程师 : 기술자<br>**gōng chéng shī** 꽁 청 '쓰 | 屋顶 : 지붕<br>**wū dǐng** 우 딩 | 落下 : 떨어지다<br>**luò xià** 을루어 씨아 |
| 病人 : 환자<br>**bìng rén** 삥 런 | 帮 : 돕다<br>**bāng** 빵 | 无视 : 무시하다<br>**wú shì** 우 쓰 | |

| 疯狂的 : 미친 | 笔记本 : 공책 | 医院 : 병원 | 某物 : 무언가 |
|---|---|---|---|
| fēng kuáng de 펑ˇ쿠앙 더 | bǐ jì běn 비 찌 번 | yī yuàn 이 위엔 | mǒu wù 모우 우 |

그리고 작년에 돌연 나타났다 홀쩍 사라져버린 그들을 추억하며 누가 먼저랄 것 없이, 사교댄스 街道 공연을 시작하였다.

...라!?

이 문화는 年을 거듭할수록 콜로세움 앞에서뿐만 아니라 로마에 존재하는 각 古迹로 퍼져나가 어느 순간 대회마저 열리게 되었고,

그 후로 약 이백 년 가까이 이어진 유서 深的한 대회는 세계에서 촉망받는 우수한 댄서들을 무수히 배출해 내었으며

16회 세계 프리댄스 경연 대회 개최

이 一切의 시초가 된 이름도 알 수 없는 그들은 전설 속에 남아, 대회가 사라지는 그날까지 무수한 찬사를 받는 영광을 得到하게 되었다나 뭐라나. 끝.

...진짜냐...

| 街道 : 거리 | 年 : 해 | 古迹 : 유적지 | 深的 : 깊은 |
|---|---|---|---|
| jiē dào 찌에 따오 | nián 니엔 | gǔ jī 구 찌 | shēn de 쎤'더 |
| 一切 : 모든 것 | 得到 : 얻다 | | |
| yí qiè 이 치에 | dé dào 더 따오 | | |

傍晚 : 저녁
bàng wǎn 빵 완

充分地 : 충분히
chōng fèn de 총「펀「더

累的 : 피곤한
lèi de 을레이 더

渴 : 목타다
kě 커

咖啡厅 : 카페
kā fēi tīng 카 페이 팅

음, 아! 마침 저기 있네.
저기 가서 마시자.

ㅇㅋㅇㅋ!
ㄱㄱ!

浓缩咖啡
카페 도피오
美式咖啡
카페 룽고

拿铁咖啡
卡布奇诺
카페 마키아토

카페 프레도
카페 마로키노
콘파나

Cafe

네~

오케이~
저는요~

음… 너 먼저
주문해.

---

浓缩咖啡 : 에스프레소
**nóng suō kā fēi** 농 쑤어 카 페'이

美式咖啡 : 아메리카노
**měi shì kā fēi** 메이 쓰'카 페'이

拿铁咖啡 : 카페 라테
**ná tiě kā fēi** 나 티에 카 페'이

卡布奇诺 : 카푸치노
**kǎ bù qí nuò** 카 뿌 치 누어

카푸치노 샷 하나만 추가해주시고요.
모카 糖浆 세 번, 헤이즐넛 네 번,
그리고 攒奶油 세 바퀴 얹고
肉桂粉 많이 뿌려주세요.

…네?
잘 못 들었습니다?

훗, 아르바이트
초짜인가 보네.
귀엽긴.

호호호
카페 도피오
두 잔 주세요.

어헴 그러니까
카푸치노,
커헉!

퍼억!

내가 깜빡 잊고 말을 안 했네.
여기선 가향 시럽이 들어가는 커피는 취급하지 않아.
네가 좋아하는 香草拿铁나 摩卡咖啡,
캐러멜 마키아토 같은 것들 말이야.

那么 네 기호에 맞게 주문하려면
저기 스타벅X 같은 프렌차이즈
카페에나 가야 한다고.

STARBUCKX COFFEE

뭐, 애초에 이탈리아에는
프렌차이즈 카페가
几乎 없긴 하지만.

근데 네가 주문한
도피오? 그건 뭐야?

아, 그냐, 몰랐네?
진작
말을 해주지.

크큭!

컬록!

쓰읍, 갈비뼈
나간 거 아냐..?

에스프레소 双份이야.
에스프레소에 샷 하나 추가한 거지.

예!? 난 카푸치노
먹고 싶었는데!

---

糖浆 : 시럽
**táng jiāng** 탕 찌앙

攒奶油 : 휘핑크림
**guàn nǎi yóu** 꽌 나이 여우

肉桂粉 : 시나몬 파우더
**ròu guì fěn** 러우 꿔이 펀ᶠ

香草拿铁 : 바닐라 라테
**xiāng cǎo ná tiě** 씨앙 차오 나 티에

摩卡咖啡 : 카페 모카
**mó kǎ kā fēi** 모어 카 카 페이

那么 : 그렇게
**nà me** 나 머

几乎 : 거의
**jī hū** 지 후

双份 : 더블샷
**shuāng fèn** 쑤앙 펀ᶠ

이탈리아에서는 점심 이후에 카푸치노나 카페라테처럼 **牛奶**가 들어간 커피는 마시지 않아.

**主要** 오전에만 먹기 때문에 이런 로컬 카페인 경우, **下午**부터는 판매하지 않는 경우가 허다해.

우리는 오후부터 우유가 들어간 커피는 판매하지 않습니다.

아, 그래?

뭐, 주문이 아예 불가능한 곳만 있는 건 아닌데 단지 점심시간 이후로 시키면 아, 이 사람은 이탈리아 현지인이 아니구나. 하는 인상을 준다고 해.

흠흠, 그렇구나.

그리고, 이탈리아는 에스프레소의 발상지인 만큼 그 맛에 있어서 다른 나라들과 현격한 **差异**가 있어.

그래서 이번 기회에 안 먹어 보면 너만 **损失**라서 내가 친히 추천해주는 거야.

그냥 눈 딱! 감고 한 번만 마셔봐~

...쩝, 뭐 그렇게까지 말한다면야. 오케이! 먹어보겠어!

도전!!

참고로 이탈리아에선 카페=에스프레소라서 에스프레소를 주문할 때 **通常地** 카페라고 하니까 알아두렴~

카페=에스프레소

으ㅋㅋ

여기 영수증 받으세요.

네~

자, 이제 **那边**에 있는 바(bar)로 가자.

牛奶 : 우유　niú nǎi 니우 나이
主要 : 주로　zhǔ yào 쥬ˇ야오
下午 : 오후　xià wǔ 씨아 우
差异 : 차이　chā yì 챠ˇ이
损失 : 손해　sǔn shī 쑨 쓰ˇ
通常地 : 일반적으로　tōng cháng de 통 챵ˇ더
那边 : 저쪽　nà biān 나 삐엔

带走 : 가지고 가다
**dài zǒu** 따이 저우

发票 : 영수증
**fā piào** 파 퍄오

吧台 : 바
**bā tái** 빠 타이

通常 : 보통
**tōng cháng** 통 챵

情况 : 경우
**qíng kuàng** 칭 쿠앙

休息 : 쉬다
**xiū xi** 씨우 시

음~ 커피 香气가 진짜 진하다. 폐 깊숙이 침투하는 듯한 느낌이야~

그런데, 갓 나온 것 치고는 그렇게 热的하지 않네? 뜨뜻미지근해.

크헤! 써!

아까도 말했지만, 이탈리아 사람들은 커피를 短的한 시간 안에 마시기 때문에 바리스타는 그에 맞춰 적당한 温度로 커피를 내려주는 거야.

그리고 이 에스프레소는 통상 25秒 내에 마셔야 그 본연의 맛을 즐길 수 있다고 해~

이런, 지금 몇 초 지났지!? 迅速地 마셔야겠네!!!

25초

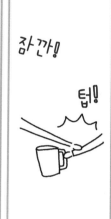

잠깐!

텁!

에스프레소를 맛있게 즐기는 법은 한 가지 더 있으니까 서두르지 마.

알았으니까 놔줄래...? 손목 부러질 것 같아...!

자, 어떤 것이냐 하면!

여기 있는 이 흑砂糖을 에스프레소 잔에 듬뿍 넣고~

사르르

잠깐 기다린 다음 이대로 휘젓지 않고 几次에 걸쳐서 마시는 거야!

너무 많이 넣는 거 아니냐..?

사르르

홀짝 크으~

홀짝 푸헤~

홀짝 크흐흐~

......

| | | | |
|---|---|---|---|
| 香气 : 향기<br>**xiāng qì** 씨앙 치 | 热的 : 뜨거운<br>**rè de** 러 더 | 短的 : 짧은<br>**duǎn de** 두안 더 | 温度 : 온도<br>**wēn dù** 원 뚜 |
| 秒 : 초<br>**miǎo** 먀오 | 迅速地 : 서둘러서<br>**xùn sù de** 쒼 쑤 더 | 砂糖 : 설탕<br>**shā táng** 쌰 탕 | 几次 : 몇번<br>**jǐ cì** 지 츠 |

그리고 마지막에는 에스프레소 잔 **底部**에 가라앉아있는 설탕으로 입가심을 하는 거지.

으음~ 딜리셔스!

물론 사람마다 입맛이 다르니까 넌 네가 **喜欢**하는 대로 마시면 돼.
난 이렇게 마시는 게 제일 좋더라~

음… 좋아. 그럼 난 설탕을 한 개만 넣어서 먹어볼까.

사르르

홀짝

어흭! 야, 난 역시 이거 못 먹겠다. 네가 그냥 내 것도 마셔…

어머, 이거 미안해서 어째… 내가 괜히 너한테 에스프레소를 **推荐**해서…

사르르   사르르

…그런 것 치고 몸은 솔직하구나.

아냐, 괜찮아… 이번 기회에 **无疑地**하게 알았으니까!

뭘?

호로록

내가 에스프레소를 먹는 일은 죽을 때까지도 **绝对** 없을 것이란 것을!

후하하!

음~ 노 맛!

그런 걸 왜 뻐기면서 말하는 거지?

底部 : 바닥　dǐ bù 디 뿌
喜欢 : 선호하다　xǐ huan 시 환
推荐 : 추천하다　tuī jiàn 퉤이 찌엔
无疑地 : 확실하게　wú yí de 우 이 더
绝对 : 절대　jué duì 쥐에 뛔이

当时 : 그때
**dāng shí** 땅 스

晚上 : 밤에
**wǎn shang** 완 샤양

常常 : 자주
**cháng cháng** 창 창

担心 : 걱정하다
**dān xīn** 딴 씬

永远 : 영원히
**yǒng yuǎn** 용 위엔

| | | | |
|---|---|---|---|
| **出租车** : 택시<br>**chū zū chē** 츄ʳ 쭈ʳ 쳐ʳ | **费用** : 요금<br>**fèi yòng** 페ʲ이 용 | **危险的** : 위험한<br>**wēi xiǎn de** 웨이 시엔 더 | **外国人** : 외국인<br>**wài guó rén** 와이 구어ʳ 런 |
| **说谎** : 거짓말하다<br>**shuō huǎng** 쓔ʳ어 후앙 | **床** : 침대<br>**chuáng** 추ʳ앙 | **桥** : 다리<br>**qiáo** 챠오 | |

包 : 가방
**bāo** 빠오

加 : 더하다
**jiā** 찌아

总是 : 항상
**zǒng shì** 종 쓰

小心地 : 조심스럽게
**xiǎo xīn de** 샤오 씬 더

轻的 : 가벼운
**qīng de** 칭 더

大的 : 큰
**dà de** 따 더

重的 : 무거운
**zhòng de** 쫑' 더

# 04 중국어의 운모

중국어의 운모는 6개의 단운모, 30개의 결합운모로 구성되어, 총 36개의 운모가 있습니다.
이때, ★ 표시가 되어 있는 운모들은 주의가 필요한 발음들입니다. 다음 장에서 자세히 살펴보겠습니다.

**a** 아

| ai | ao | an | ang |
|---|---|---|---|
| 아이 | 아오 | 안 | 앙 |

**o** 오어

| ou | ong |
|---|---|
| 어우 | 옹 |

**e** 으어

| ★ei | en | eng | er |
|---|---|---|---|
| 에이 | 으언 | 으엉 | 으얼 |

**i(y)** 이

| ia | ★ie | iao | ★ian | ★iou (iu) | in |
|---|---|---|---|---|---|
| 이아 | 이에 | 이아오 | 이엔 | 이(오)우 | 인 |

| ing | iang | iong |
|---|---|---|
| 잉 | 이앙 | 이옹 |

**u(w)** 우

| ua | uo | uai | ★uei (ui) | uan | ★uen (un) |
|---|---|---|---|---|---|
| 우아 | 우어 | 우아이 | 우에이 | 우안 | 우언 |

| uang | ueng |
|---|---|
| 우앙 | 우엉 |

**ü(y)** 위 · 주목

| ★üe | ün | ★üan |
|---|---|---|
| 위에 | 윈 | 위엔 |

**주목 + n · l · j · q · x**

❶ ü와 결합할 수 있는 성모는 위 5가지뿐입니다.
❷ j, q, x와 결합하면 ü의 두 점은 생략해서 표기합니다.

# 앞에 오는 i·u·ü 는 y·w·yu 로 바꿔주자!

중국어는 운모가 성모 없이 단독으로 쓰일 수 있습니다.
다음 세 가지 운모 i · u · ü 앞에 성모가 오지 않을 때 y · w · yu 로 바꿔서 표기합니다.
바꿔 표기한 i · u · ü 의 결합모음들, 다시 한번 살펴볼까요?

| | |
|---|---|
| **ie** 이에 | **ye** 이에 |
| **uo** 우어 → | **wo** 우어 |
| **üan** 위엔 | **yuan** 위엔 |

위와 같이 운모 i · u · ü 가 y · w · yu 로 바뀌어도 발음은 같습니다.
다만, 다음 운모들은 바꿀 때 주의가 필요합니다.
운모 i · in · ing 이 단독으로 음절을 이룰 경우 대체된 y 뒤에 i 를 붙여줍니다.

| | |
|---|---|
| **i** 이 | **yi** 이 |
| **in** 인 → | **yin** 인 |
| **ing** 잉 | **ying** 잉 |

운모 u도 마찬가지로 단독으로 음절을 이룰 경우 대체된 w 뒤에 u 를 붙여줍니다.

**u** 우 → **wu** 우

마지막 점검!

운모 ü가 단독으로 음절을 이룰 경우, ü는 yu로 바꿔 표기한다는
사실을 배웠죠. 하지만 ü 위 의 두 점은 생략된다면 u우 발음과 헷갈릴 수 있겠죠.
j,q,x,y와 결합한 u는 우 가 아닌 위 발음이라는 사실을 항상 기억하세요!

| **ju** | **qu** | **xu** | **yu** |
|---|---|---|---|
| 쥐 | 취 | 쉬 | 위 |

★ 주의가 필요한 다음 발음을 다시 한번 살펴볼까요?
우선, 앞에 성모가 오면 중간 운모가 생략되는 발음들입니다.

## 발음이 생략되는 **운모**

위 운모들은 성모 없이 단독으로 쓰일 때만 중간 운모가 생략되지 않고 그대로 쓰입니다.
단, 앞서 배운 법칙대로 i는 y로, u는 w로 바꿔서 표기해야겠죠.

✏️ 다음 운모들이 성모 없이 단독으로 쓰일 경우, 올바른 표기법을 적어보세요.

¹ iou → [ ]   ² uei → [ ]   ³ uen → [ ]

⟩정답입니다!⟨

❶ you 여우          ❷ wei 웨이          ❸ wen 원

# 발음이 변하는 **운모**

다음은 결합할 때 발음이 변하는 운모들입니다.
운모 e의 본래 발음은 으어 이지만 다음과 같이 i 나 ü 와 결합하는 경우 에 로 발음됩니다.

| ei 에이 | 주의! 운모 e는 원래 으어로 발음되지만 i와 결합하면 에로 발음됩니다. | 베이 **běi** 북쪽 | 게이 **gěi** 주다 | 메이 **měi** 아름답다 |
| ie 이에 | 주의! 운모 e는 원래 으어로 발음되지만 i와 결합하면 에로 발음됩니다. | 티에 **tiē** 붙이다 | 찌에 **jiè** 빌려주다 | 치에 **qiē** 썰다 |
| üe 위에 | 주의! 운모 e는 원래 으어로 발음되지만 ü 뒤에서는 에로 발음됩니다. | 쉬에 **xué** 배우다 | 쥐에 **jué** 결코 | 위에 **yuè** 달 |

주목! 운모 üe는 단독으로 오거나, 성모 j,q,x와만 결합 가능합니다. ü 위 두 점은 생략되고 ue로 표기됩니다.

마찬가지로 운모 an의 본래 발음은 안 이지만, 다음과 같이 i 나 ü 와 결합하는 경우 엔 으로 발음됩니다.

| ian 이엔 | 주의! 운모 an은 원래 안으로 발음되지만 i와 결합하면 엔으로 발음됩니다. | 삐엔 **biàn** 변하다 | 티엔 **tián** 달다 | 니엔 **nián** 해, 년 |
| üan 위엔 | 주의! 운모 an은 원래 안으로 발음되지만 ü 뒤에서는 엔으로 발음됩니다. | 쥐엔 **juàn** 권(양사) | 취엔 **quān** 동그라미 | 위엔 **yuán** 원(단위) |

주목! 운모 üan은 단독으로 오거나, 성모 j,q,x와만 결합 가능합니다. ü 위 두 점은 생략되고 uan으로 표기됩니다.

# 4장

## 만남을 소중히

저~기 앞에 보여? 저기가 오늘 우리가 묵을 酒店이야.

안에 엄청 넓은 游泳池도 있으니까 이따가 우리 수영하자.

뭐래… 지금 시간이 몇 시인지 알기나 해? 11点 되기 5분 전이야.

뭐? 왜 시간이 벌써!

어휴, 이게 다 네가 慢慢地하게 걸어서 그런 거야!

헉! 이럴 때가 아니야! 登记 마감 시간까지 얼마 안 남았어. 뛰자!

또 뛰어야 해? 미치겠네, 정말!

휘요요옹

퍽! 퍽! ㅁ

| | | | |
|---|---|---|---|
| 酒店 : 호텔 | 游泳池 : 수영장 | 点 : 시 | 慢慢地 : 느리게 |
| jiǔ diàn 지우 띠엔 | yóu yǒng chí 여우 용 츼 | diǎn 디엔 | màn màn de 만 만 더 |
| 登记 : 체크인 | | | |
| dēng jì 떵 찌 | | | |

开 : 열다
**kāi** 카이

门童 : 도어맨
**mén tóng** 먼 통

请进. : 어서 오세요.
**qǐng jìn.** 칭 찐.

晚上好. : 안녕하세요.[저녁]
**wǎn shang hǎo.** 완 샹 하오.

前台 : 프런트데스크
**qián tái** 치엔 타이

이런, 이런, 꼬마 아가씨. 아무리 **男朋友**가 좋기로서니 그렇게 막 대하면 안 되는 거예요~

그런 사이 아니거든요!? 그보다 빨리 알려주세요! 급해요!

아주아주 오래전, 그러니까 제가 코흘리개 **男孩**였을 무렵. 저희 옆집에 아주아주 귀여운 **邻居**가 살고 있었는데 말이에요.

동갑내기 여자애였는데, 저는 그 **女孩**를 좋아했어요.

하지만 그 소녀는 저만 보면 항상 괴롭히곤 했어요. 오리 궁둥이라고 놀리며 제 엉덩이를 발로 **踢**하기도 했죠.

전 그런 소녀가 점점 싫어지고 말았죠.

그러던 **有一天**, 제가 먼 곳으로 이사를 하게 되었는데 말이에요. 이삿짐을 실은 차가 **道路**로 들어선 바로 그때. 소녀가 맨발로 뛰어나와 눈물 섞인 목소리로 외치더군요.

잠깐만!

---

| | | | |
|---|---|---|---|
| 男朋友 : 남자 친구<br>**nán péng you** 난 펑 여우 | 男孩 : 소년<br>**nán hái** 난 하이 | 邻居 : 이웃<br>**lín jū** 을린 쮜 | 女孩 : 소녀<br>**nǚ hái** 뉘 하이 |
| 踢 : 차다<br>**tī** 티 | 有一天 : 어느 날<br>**yǒu yì tiān** 여우 이 티엔 | 道路 : 길<br>**dào lù** 따오 을루 | |

미안해!

다 네가 좋아서 그랬던 거야!
용서해줘! 내가 미워서
여기를 离开하는 거라면
제발 그러지 마!

소녀가 아니라 아버지의 일 때문에
거처를 搬 했던 것이었지만,
어쨌든 저는 소녀의 그 외침에
모든 것을 용서하기로 했죠.

하지만 소녀의 모습은 이미 저 멀리 있어
전 백미러를 통해 그저 看 할 수밖에 없었고,

우린 서로에게 미묘한 감정을 남긴 채로
分手하게 되었는데 말이에요.

아니야... 가지 마...
내가 잘못했어...

제가 하고 싶은 말은...
사랑하는 마음을
비뚤게 표현하지 말고
真实的로 표현해야
한다는 것이에요.

나중에 후회하고 싶지 않다면 말이에요.
응? 그런데 당신의 女朋友는 어디로 간 거죠?

그런 사이 아니라니까요?
할부지가 讲하기 시작하자마자
호텔로 들어갔어요.

워낙 급한 상황이기도 했지만,
원래 걔가 그렇게까지 有耐心的한
성격도 아니라서요.

하하핫

| | | | |
|---|---|---|---|
| 离开 : 떠나다 | 搬 : 옮기다 | 看 : 바라보다 | 分手 : 헤어지다 |
| lí kāi 율리 카이 | bān 빤 | kàn 칸 | fēn shǒu 펀 셔우 |
| 真实的 : 진실로 | 女朋友 : 여자 친구 | 讲 : 말하다 | 有耐心的 : 인내심 있는 |
| zhēn shí de 쩐 스 더 | nǚ péng you 뉘 펑 여우 | jiǎng 지앙 | yǒu nài xīn de 여우 나이 씬 더 |

---

着急的 : 성급한
zháo jí de 쟈오 지 더

搬运 : 나르다
bān yùn 빤 윈

在那之后 : 그 후에
zài nà zhī hòu 짜이 나 쯔 허우

已婚的 : 결혼을 한
yǐ hūn de 이 훈 더

幸福的 : 행복한
xìng fú de 씽 푸 더

下次 : 다음번에
xià cì 씨아 츠

| | | | |
|---|---|---|---|
| 分 : 분<br>**fēn** 펀 | 附加费 : 추가 요금<br>**fù jiā fèi** 푸˘찌아 페이 | 这不可能. : 터무니없다.<br>**zhè bù kě néng.** 쪄˘뿌 커˘넝. | 晚的 : 늦은<br>**wǎn de** 완 더 |
| 公司 : 회사<br>**gōng sī** 꽁 쓰 | 经理 : 책임자<br>**jīng lǐ** 찡 울리 | 错 : 잘못<br>**cuò** 추어 | |

賺 : 돈을 벌다
zhuàn 쭈안

上司 : 상관
shàng si 샹쓰

告示 : 공지
gào shi 까오 스

更高的 : 더 높은
gèng gāo de 껑 까오 더

眼镜 : 안경
yǎn jìng 옌 찡

帽子 : 모자
mào zi 마오 즈

| 怀疑 : 의심하다 | 不是. : 아니요. | 爱好 : 취미 | 悠闲的 : 한가한 |
|---|---|---|---|
| **huái yí** 화이 이 | **bú shì.** 부 쓰. | **ài hào** 아이 하오 | **yōu xián de** 여우 시엔 더 |

| 温和的 : 온화한 | 问题 : 문제 | | |
|---|---|---|---|
| **wēn hé de** 원 허 더 | **wèn tí** 원 티 | | |

| | | | |
|---|---|---|---|
| 感谢 : 감사하다<br>**gǎn xiè** 간 씨에 | 秘书 : 비서<br>**mì shū** 미 쓔' | 前天 : 그저께<br>**qián tiān** 치엔 티엔 | 正好 : 딱<br>**zhèng hǎo** 쩡' 하오 |
| 突然的 : 급작스러운<br>**tū rán de** 투 란 더 | 两倍的 : 두 배의<br>**liǎng bèi de** 을리앙 뻬이 더 | 明智地 : 현명하게<br>**míng zhì de** 밍 쯔'더 | 普通的 : 흔한<br>**pǔ tōng de** 푸 통 더 |
| 祝贺你! : 축합니다!<br>**zhù hè nǐ!** 쭈'허 니! | 普通 : 보통<br>**pǔ tōng** 푸 통 | | |

| 错过 : 놓치다 | 利益 : 이익 | 忠告 : 조언 | 房号 : 방 번호 |
|---|---|---|---|
| **cuò guò** 추어 꾸어 | **lì yì** 을리 이 | **zhōng gào** 쭝ʳ 까오 | **fáng hào** 팡ʳ 하오 |
| 向上 : 위로 | 早餐 : 아침 식사 | 叫醒服务 : 모닝콜 | 总之 : 아무쪼록 |
| **xiàng shàng** 씨앙 쌍ʳ | **zǎo cān** 자오 찬 | **jiào xǐng fú wù** 쨔오 싱 푸ʳ 우 | **zǒng zhī** 종 쯔ʳ |

여기는 요즘도 **钥匙**를 쓰네? 신기하다.

응? 잠깐, 근데 왜 하나밖에 없지?

설마… 우리 같은 **房间**에서 묵는 거야?

뭘 그렇게 놀라고 그래?

너 설마 내가 **女人**으로 보여?

아니? 그럴 일은 죽었다 깨어나도 없지.

좀 열 받네? 나도 너 **男人**으로 전혀 안 보이거든!

그럼 됐지? 돈도 아끼고 아무 문제 없잖아.

그렇긴 하네?

그리고 **两张单人床**이 있는 방으로 예약했으니까 문제 될 건 더더욱 없어.

문제가 없긴! 한 방으로도 모자라 큰 침대 하나에서 같이 자자는 거잖아!?

트윈 침대는 **单人床**이 2개 있다는 걸 말하는 거야…

참고로 **双人床**은 싱글 침대보다 가로 면적이 조금 더 넓은 걸 말하는 거고.

아하, 그렇구나. 덕분에 또 하나 배웠네~ 쌩유!

(=싱글베드)

+α =더블베드

알면 됐어. 아, **电梯** 왔어.

---

钥匙 : 열쇠
**yào shi** 야오 스

房间 : 방
**fáng jiān** 팡'찌엔

女人 : 여자
**nǚ rén** 뉘런

男人 : 남자
**nán rén** 난 런

两张单人床 : 트윈 침대
**liǎng zhāng dān rén chuáng** 을리양 쨩' 딴 런 추'앙

单人床 : 싱글 침대
**dān rén chuáng** 딴 런 추'앙

双人床 : 더블 침대
**shuāng rén chuáng** 쑤'앙 런 추'앙

电梯 : 엘리베이터
**diàn tī** 띠엔 티

| 按钮 : 버튼 | 一楼 : 1층 | 地下 : 지하 | 楼下 : 아래층 |
|---|---|---|---|
| àn niǔ 안 니우 | yī lóu 이 을러우 | dì xià 띠 씨아 | lóu xià 을러우 씨아 |
| 楼上 : 위층 | 手指 : 손가락 | 数字 : 숫자 | |
| lóu shàng 을러우 쌍 | shǒu zhǐ 셔'우 즈' | shù zì 쑤' 쯔 | |

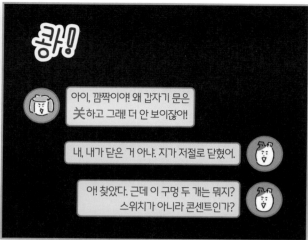

| | | | |
|---|---|---|---|
| 黑暗的 : 어두운 | 打开 : 켜다 | 开关 : 스위치 | 关 : 닫다 |
| **hēi àn de** 헤이 안 더 | **dǎ kāi** 다 카이 | **kāi guān** 카이 꽌 | **guān** 꽌 |
| 鼻子 : 코 | | | |
| **bí zi** 비 즈 | | | |

鞋子 : 신발
**xié zi** 시에 즈

失误 : 실수
**shī wù** 쓰'우

向下 : 아래로
**xiàng xià** 씨앙 씨아

判断 : 판단하다
**pàn duàn** 판 뚜안

| | | | |
|---|---|---|---|
| 零个 : 0개<br>**ling gè** 링 거 | 加床 : 엑스트라 베드<br>**jiā chuáng** 찌아 추′앙 | 无所谓. : 상관없어.<br>**wú suǒ wèi.** 우 수어 웨이. | 盯 : 응시하다<br>**dīng** 띵 |
| 害怕的 : 무서워하는<br>**hài pà de** 하이 파 더 | 声音 : 소리<br>**shēng yīn** 셩′ 인 | 敲 : 두드리다<br>**qiāo** 챠오 | 歌曲 : 노래<br>**gē qǔ** 꺼 취 |

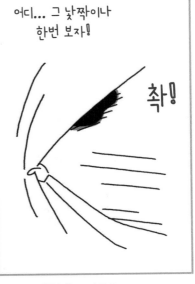

窗户 : 창문
**chuāng hù** 추ʳ앙 후

窗帘 : 커튼
**chuāng lián** 추ʳ앙 울리엔

极小的 : 아주 작은
**jí xiǎo de** 지 샤오 더

更小的 : 더 작은
**gèng xiǎo de** 껑 샤오 더

桌子 : 책상
**zhuō zi** 쮸ʳ어 즈

喜欢 : 좋아하다
**xǐ huan** 시 환

孤单的 : 외로운
**gū dān de** 꾸 딴 더

小巷 : 골목길
**xiǎo xiàng** 샤오 씨앙

猫 : 고양이
**māo** 마오

不幸地 : 불행하게
**bú xìng de** 부 씽 더

饿的 : 배가 고프다.
**è de.** 어 더.

狗 : 개
**gǒu** 거우

拯救 : 구하다
**zhěng jiù** 정ʳ찌우

오늘 在早上에도 다 잡은 기니피그를 너 때문에 놓쳤다냥!

넌 내 아침으로...

在下午에는 비둘기 사냥에 실패한 날 보고 비웃고 갔지냥!

在晚上에는 철창에 가둬놨던 이구아나를 내가 화장실 간 사이 몰래 빼돌렸다냥!

내 저녁!

그리고 이 야심한 밤에도 날 방해하고 있다냥! 날 굶겨 죽일 셈이냥! 너 때문에 비쩍 瘦的한 거 안 보이냥!!

내가 너에게 누누이 警告 했을 것이다멍!

불필요한 살생은 그만두고 너의 주인이 주는 캣푸드나 먹으라고 말이다멍!

먹어보고 말해라냥! 그런 이유식 같은 거야말로 나한테 不需要的한 것이다냥!

으우... 안 해줘도 되는데...

맛있던데멍? 내가 이렇게 뒤룩뒤룩하게 胖的한 것도 모두 네가 남긴 캣푸드 덕분이다멍.

?

왜 자꾸 사라지나 했더니 네놈 짓이었냥! 내가 몰래 먹으려고 얼마나 찾았는데,

!?

핫!

---

| | | | |
|---|---|---|---|
| 在早上 : 아침에 | 在下午 : 오후에 | 在晚上 : 저녁에 | 瘦的 : 마른 |
| zài zǎo shàng 짜이 자오 쌍 | zài xià wǔ 짜이 씨아 우 | zài wǎn shàng 짜이 완 쌍 | shòu de 셔'우 더 |
| 警告 : 경고 | 不需要的 : 필요 없는 | 胖的 : 살찐 | |
| jǐng gào 징 까오 | bù xū yào de 부 쒸 야오 더 | pàng de 팡 더 | |

...조용...

키히이익!
옛날부터 너랑 말하다 보면 열 받는다냥!
이번에야말로 가만 안 둘 테니 각오해라냥!!

개 박살 내기 권법!

샤샥!

샤샥!

샤샥!

샤샥!

큭, 이런 窄的한 골목길에서는
날렵한 저 녀석을 당해낼 수 없다멍.

벽을 차고 사방팔방에서 공격할 수 있는 만큼
저 녀석이 有利하다멍.

그러니까...

도망치자멍!

펑!

연막을 터뜨리다니, 닌자냥!
烟 때문에 앞이 안 보이잖아냥!

콜록, 콜록.

窄的 : 좁은
**zhǎi de** 쟈이 더

有利 : 유리하다
**yǒu lì** 유 올리

烟 : 연기
**yān** 옌

좋아,
**大街**로
빠져나왔다멍!

여기서 내가
놈을 막고 있을 테니
넌 이대로
쭉 달려가라멍!

헤헤. 헤헤.

가다 보면 한눈에 봐도 알만큼 거대하고
잎사귀가 무성한 **树**가 서 있다멍!

그 바로 밑을 자세히 보면 지하로 통하는
**隐藏的**한 통로가 있을 것이다멍!

그 통로는 아무에게도 알려지지 않은 우리 조직의 **秘密** 기지로 연결되어 있다멍!
그리고 기지에는 우리 조직의 정예 **成员**들이 현재 출동대기를 하고 있을 것이다멍!

그들과
**加入**하여 몸을 숨겨라멍!

| | | | |
|---|---|---|---|
| 大街 : 큰길<br>**dà jiē** 따 찌에 | 树 : 나무<br>**shù** 쓔 | 隐藏的 : 숨겨진<br>**yǐn cáng de** 인 창 더 | 秘密 : 비밀<br>**mì mì** 미 미 |
| 成员 : 구성원<br>**chéng yuán** 청ʳ 위엔 | 加入 : 합류하다<br>**jiā rù** 찌아 루 | | |

安全地 : 안전하게
**ān quán de** 안 취엔 더

关心 : 상관하다
**guān xīn** 꽌 씬

同屋 : 룸메이트
**tóng wū** 통 우

洗衣服 : 빨래하다
**xǐ yī fu** 시 이 푸

洗碗 : 설거지하다
**xǐ wǎn** 시 완

分享 : 공유하다
**fēn xiǎng** 펀 시앙

그렇지만, 무슨 일이 있어도 서로의 **私人的**한 일에는 절대로 침범하지 않았지멍.
때론 문을 **锁**하고 각자의 방에서 자기만의 시간을 가질 수 있도록 말이야멍.

그렇게 우린 세상에 둘도 없는
영혼의 **伙伴**이 되어갔어멍.

또, 우린 같은 **队**로 활동하면서
이 도시의 평화를 지키느라 애썼지멍.

추적추적 **下雨的**한 날에도,

쌩쌩 **风**이 부는 날에도 말이야멍.

그러던 어느 날, 녀석은 아무런 말도 없이
자취를 감춰버렸어멍!

?!

그리고 며칠 뒤, 길거리에서 마주쳤을 때
이미 저 녀석은 다른 고양이가 되어있었어멍.

냐아아아아아아악!

왜, 왜 그래!
나야, 친구!

---

**私人的** : 사적인
**sī rén de** 쓰 런 더

**锁** : 잠그다
**suǒ** 수어

**伙伴** : 짝
**huǒ bàn** 후어 빤

**队** : 팀
**duì** 뛰이

**下雨的** : 비가 오는
**xià yǔ de** 씨아 위 더

**风** : 바람
**fēng** 펑ᶠ

원래는 남에게 말도 못 붙일 정도로 **害羞的**하는 성격이었는데,
이제는 남에게 할 말 못 할 말 다 해버리는 **无礼的**한 녀석으로 말이야멍.

어, 어, 아니다냥.
먼저 먹고 있어라냥.

오늘이 네
제삿날이다냥!

녀석이 떠나기 전,
조직 내에서 내가 알지 못하는
**痛苦的**한 일을 겪은 게 분명해멍.

…큿, 제일 가까이 있던
내가 녀석의 **痛苦**를
알아차렸어야 했는데…멍!

저 녀석이
변해버린 건 내 책임이나 다름없다멍!
그래서 내가 혼자서 녀석을 막아야해멍!

주룩

흥!

시시껄렁한
얘기는 다 끝났냥!

아닛,
어느새멍!?

네가 주절거리고 있는 사이
난 네놈을 상대할 모든
**准备好的**하다냥! 간다냥!

간다냥!

샥샤샥!

샤샤샥!

---

害羞的 : 수줍어하는
**hài xiū de** 하이 씨우 더

无礼的 : 무례한
**wú lǐ de** 우ㆍ리더

痛苦的 : 고통스러운
**tòng kǔ de** 통 쿠 더

痛苦 : 고통
**tòng kǔ** 통 쿠

准备好的 : 준비가 된
**zhǔn bèi hǎo de** 준ㆍ뻬이 하오 더

강大的 : 강력한
qiáng dà de 치앙 따 더

自私的 : 이기적인
zì sī de 쯔 쓰 더

| | | | |
|---|---|---|---|
| **公正的** : 공정한<br>**gōng zhèng de** 꽁 쩡¹더 | **个人的** : 개인의<br>**gè rén de** 꺼 런 더 | **危险地** : 위태롭게<br>**wēi xiǎn de** 웨이 시엔 더 | **不公平的** : 불공평한<br>**bù gōng píng de** 뿌 꽁 핑 더 |
| **便宜的** : 값싼<br>**pián yi de** 피엔 이 더 | **借** : 빌리다<br>**jiè** 찌에 | | |

왜 며칠이나 지났는데도 돌려주질 않는 것이냥!
더욱이 한 벌도 아니고 여러 벌을 말이다냥!

난 그것도 모르고 모처럼 찾아온 **周末**에
여자친구랑 놀기로 약속했다가 입고 갈 옷이 없어 못 나갔다냥!

우리 헤어져.

자기야! 그게 아니야!
옷이, 옷이 없다냥!

넌 말이다냥… 옷과 함께 내 냥생을
**偷**해 간 것이나 다름없다냥! 이 도둑개야냥!

하지만… 난 참았다냥.
이미 지난 일이고 옷쯤이야
내가 직접 찾아가면 되니까냥.

그래서 네가 없는 사이
네 옷장을 뒤져봤는데
이미 내 옷은 내 옷이 아니었다냥!

**干净的**했던 내 옷은
이미 네놈의 부주의로 인해
얼룩덜룩했고,

내 호리호리한 체형에 맞던
**小号**의 옷들은

너의 뚱뚱한 체형에 의해
**中号**로 늘어나 있었다냥!

심지어 이런 일이 매번 반복되자
결국 **大号**로까지 늘어나는 바람에
버려버렸다냥!

| | | |
|---|---|---|
| 周末 : 주말 | 偷 : 훔치다 | 干净的 : 깨끗한 | 小号 : 스몰 사이즈 |
| **zhōu mò** 쩌우 모어 | **tōu** 터우 | **gān jìng de** 깐 찡 더 | **xiǎo hào** 샤오 하오 |
| 中号 : 미디엄 사이즈 | 大号 : 라지 사이즈 | | |
| **zhōng hào** 쭝 하오 | **dà hào** 따 하오 | | |

왜 자기체형에도 안 맞는 **紧的**한 옷을 탐내는지 나로선 이해할 수가 없었다냥!

그만큼의 옷들을 다시 사기 위해 얼마큼의 **花钱**했는지 네가 알기나 하겠냥!

**其他的** 여러 가지 열 받는 일도 많았지만, 너무 많아서 도저히 열거할 수 없다냥!!

아, 그런 거였다멍. **对不起**. 됐지멍?

으음… 누가 봐도 삐딱선 탈만 했네…

헉, 그걸로 끝? 죄책감이라곤 전혀 없잖아. 이 녀석!

키히이익!! 변명이라도 하면 살려는 주려고 했는데, 역시 안 되겠다냥!!

샤샥!! 멍멍!! 퍼벅!! 냥냥!!

끄응… 결국 둘 다 똑같은 놈들이었군. 이 틈에 난 **安全的**한 장소로 도망이나 칠까~

**紧的** : 타이트하다  **jǐn de** 진 더

**花钱** : 돈을 쓰다  **huā qián** 화 치엔

**其他的** : 그 밖의  **qí tā de** 치 타 더

**对不起.** : 미안합니다.  **duì bu qǐ.** 뚜이 부 치.

**安全的** : 안전한  **ān quán de** 안 취엔 더

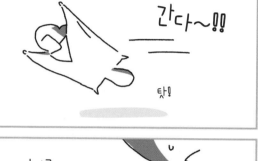

| | | |
|---|---|---|
| 强壮的 : 강한 | 勇敢的 : 용감한 | 重复 : 반복하다 |
| **qiáng zhuàng de** 치앙 쮸앙 더 | **yǒng gǎn de** 용 간 더 | **chóng fù** 총 푸 |

医生 : 의사
yī shēng 이 셩'

推 : 밀다
tuī 퉤이

状态 : 상태
zhuàng tài 쭈'앙 타이

救护车 : 구급차
jiù hù chē. 찌우 후 쳐'

拉 : 당기다
lā 을라

脆弱 : 연약하다
**cuì ruò** 추이 뤄

手推车 : 손수레
**shǒu tuī chē** 셔'우 퉤이 쳐'

温柔地 : 부드럽게
**wēn róu de** 원 러우 더

慢的 : 느린
**màn de** 만 더

舒服的 : 편한
**shū fu de** 슈' 푸'더

确实 : 확실한
**què shí** 취에 스'

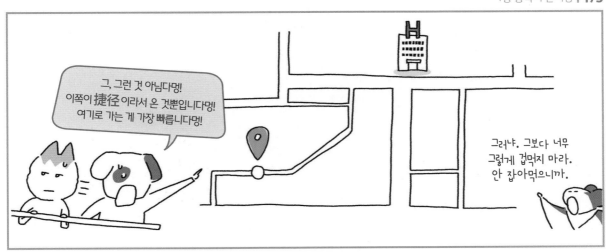

捷径 : 지름길
**jié jìng** 지에 찡

不安的 : 불안한
**bù ān de** 뿌 안 더

仔细的 : 꼼꼼하다
**zǐ xì de** 즈 씨 더

出发 : 출발
**chū fā** 츄 파

| | | | |
|---|---|---|---|
| 失败 : 실패 | 领导者 : 지도자 | 违法的 : 불법적인 | 碰撞 : 충돌 |
| shī bài 쓰'빠이 | lǐng dǎo zhě 을링 다오 져' | wéi fǎ de 웨이 파'더 | pèng zhuàng 펑 쮸'앙 |

| | | | |
|---|---|---|---|
| 命令 : 명령하다 | | | |
| mìng lìng 밍 올링 | | | |

그뿐이냐! 부하들에게 불법적인 일은 그만두고 合法的한 일을 해야 한다고 회유까지 했어!

이봐, 이번에 봉사활동 큰 건 하나 있는데…

그리고 항상 우리보다 먼저 사냥감과 接觸해서 몰래 도피시켰지? 잡아먹는 척 우리 눈을 속여가면서!

오늘만 해도 기니피그, 이구아나, 그리고 그 다람쥐까지! 내가 모를 줄 알았냐!

너처럼 善良한 녀석이 도대체 우리 패거리에는 왜 들어왔던 거냐!

우리가 不良한 삶을 신조로 살아간다는 걸 알고 있었으면서!

두목! 큰일 났습니다!

아지트에 있던 电脑의 하드디스크가 모두 박살 나 있다는 연락이!

뭐라!? 그럼 안에 저장되어 있던 资料들은 어떻게 된 거냐!

거기엔 보이스피싱을 위해 모아놓았던 개인정보 目录가 들어있었잖아!

合法的 : 합법적인
**hé fǎ de** 허 파´더

接觸 : 접촉
**jiē chù** 찌에 츄´

善良 : 선량한
**shàn liáng** 쌴`울리앙

不良 : 불량한
**bù liáng** 뿌`울리앙

电脑 : 컴퓨터
**diàn nǎo** 띠엔 나오

资料 : 데이터
**zī liào** 쯔울랴오

目录 : 목록
**mù lù** 무`울루

| 文件 : 문서 | 档案 : 파일 | 分类 : 카테고리 | 部分 : 일부 |
|---|---|---|---|
| wén jiàn 원 찌엔 | dàng àn 땅 안 | fēn lèi 펀ˇ을레이 | bù fen 뿌 펀ˇ |
| 复印本 : 사본 | 损害 : 피해 | 确认 : 확인하다 | |
| fù yìn běn 푸ˋ인 번 | sǔn hài 순 하이 | què rèn 취에 런 | |

범냥은 저 앞에 있는
녀석이랍니다!

키헤에에억!

저 자식은 우리한테
무슨 억하심정이 있길래
이딴 짓을 저지른 거야!

**恐怕** 처음부터
우리를 파멸로 이끌기 위해
잠입했던 것 같습니다!

방금 들어온 **消息**에 따르면
저 녀석은 예의 그 조직에
몸을 담근 적이 있다더군요!

저 녀석을 지옥으로
**导游** 해주겠어!

그런 거였구나!
용서 못 해...

恐怕 : 아마
**kǒng pà** 콩 파

消息 : 정보
**xiāo xi** 샤오 시

导游 : 인도하다
**dǎo yóu** 디오 여우

| 走吧! : 가자! | 快 : 빠른 | 情況 : 상황 | 唯一 : 유일한 |
|---|---|---|---|
| **zǒu ba!** 저우 바! | **kuài** 콰이 | **qíng kuàng** 칭 쿠앙 | **wéi yī de** 웨이이더 |

| | |
|---|---|
| 这个 : 이것<br>**zhè ge** 쩌'거 | 银 : 은<br>**yín** 인 |
| 亲切的 : 친절한<br>**qīn qiè de** 친 치에 더 | 勤奋的 : 성실한<br>**qín fèn de** 친 펀'더 |

| | |
|---|---|
| 最初 : 최초의<br>**zuì chū** 쮀이 츄' | 聪明地 : 영리하게<br>**cōng míng de** 총 밍 더 |
| 可用的 : 이용할 수 있는<br>**kě yòng de** 커 용 더 | |

네가 떠나고 **空的**한 방을 봤을 때
진심으로 후회했다멍.

그래도 말이다멍.
지금이라면 예전처럼…

아니 예전보다 **更好的**한
사이가 될 수 있지 않을까…멍?

…흥. 이 바보 자식,
그 말을 이제서야
해주다니냥…

넌 인마냥… 예전에도,
지금도, 그리고 앞으로도냥…
내 **最好的**한 친구라고냥!!

우리
소울 메이트멍
…

베스트
프렌드냥
…

아, 그렇지멍!
배지도 다시 받았으니
조직에 **再** 복귀하는 거지멍!?

아니,
그럴 순 없다냥.
이제 와서 무슨
염치로냥…

어서 와,
친구!!

난 그저 지금까지처럼
나만의 방식으로 너희의 활동을
**支持**하겠다냥.

---

空的 : 텅빈
**kōng de** 콩 더

更好的 : 더 좋은
**gèng hǎo de** 껑 하오 더

最好的 : 최고의
**zuì hǎo de** 쭈이 하오 더

再 : 다시
**zài** 짜이

支持 : 지지하다
**zhī chí** 쯔 츠

왜냐멍! 동료들은 아무도 신경 안 쓸 거다멍! 그들은 아직도 너를 **信赖**하고 있다멍!

그리고 안타깝다멍! 네가 조직에 돌아오면 분명 **更多的**한 생명을 구할 수 있을 거다멍!

설사 그렇다 하더라도… 나는 이미 조직을…냥!

 돌아와라멍! 조직의 앞날을 위해선 네가 **需要**하다멍!

나를 필요로 해준다니 정말 고맙지만냥…! 나는…냥!

언제까지
시시덕거릴 거야,
이 자식들아!

찰싹!  찰싹!

뒤를 한번 보라고!
불량배들이 저렇게 **近的**한
곳까지 따라붙었단 말이야!
빨리 달려!!

아, 알았으니까
채찍으로 **打**하지만
말아주세요냥!

찰싹!  찰싹!

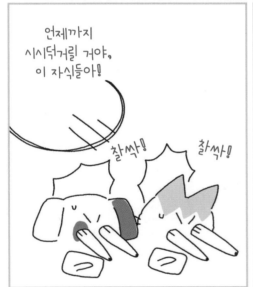

우케케케켁,
케훅! 켈록!

드디어 따라잡았다!
이제 한 걸음!!

어, 어서 떨쳐내!
더 빨리 달려!

우, 우캬아아악!

| | | | |
|---|---|---|---|
| 信赖 : 신뢰하다 | 更多的 : 더 많은 | 需要 : 필요하다 | 近的 : 가까운 |
| **xìn lài** 씬 을라이 | **gèng duō de** 껑 뚜어 더 | **xū yào** 쉬 야오 | **jìn de** 찐 더 |

打 : 때리다
**dǎ** 다

| 高速公路 : 고속도로<br>**gāo sù gōng lù** 까오 쑤 꽁으루 | 红绿灯 : 신호등<br>**hóng lǜ dēng** 홍 올뤼 떵 | 过 : 건너다<br>**guò** 꾸어 |
| --- | --- | --- |

| | | | |
|---|---|---|---|
| 危险! : 위험해! | 驾驶 : 운전 | 무的 : 일찍 | 充分地 : 충분히 |
| wēi xiǎn! 웨이 시엔! | jià shǐ 찌아 스ˇ | zǎo de 자오 더 | chōng fèn de 총ˊ펀ˋ더 |
| 森林 : 숲 | 冬天 : 겨울 | | |
| sēn lín 썬ˊ을린 | dōng tiān 똥 티엔 | | |

정확히는 12月 25일, 크리스마스날이었지. 형은 나에게 있어서 그야말로 산타클로스였어.

그 후로도, 내 不足的한 부분을 형이 전부 채워줬잖아. 그 덕분에 난 满意的한 삶을 살고 가. 정말 고마웠어, 형. 그럼, 안녕…

…아니,

따지고 보면 그 자식이 날 길바닥에 내팽개쳐서 죽게 된 거잖아? 열받네?

안 되겠다. 未来에 그놈의 자식으로 태어나서 속 엄청나게 썩혀줘야겠어!

…보스!
괜찮으십니까멍!
일어나십시오멍!

뭐야, 나 아직 活的하네?

벌떡

휴, 다행이에요냥!
잠깐이지만 진짜로 死的한 줄 알았잖아요냥!

…홋, 그래서 그렇게 担心한 눈빛으로 보고 있던 거냐.

자식들, 걱정 마라. 이렇게 멀쩡하니까! 그보다 어서 호텔로 가자.

| | | | |
|---|---|---|---|
| 月 : 월<br>yuè 위에 | 不足的 : 부족한<br>bù zú de 뿌 주 더 | 满意的 : 만족스러운<br>mǎn yì de 만 이 더 | 未来 : 미래<br>wèi lái 웨이 올라이 |
| 活的 : 살아있는<br>huó de 후어 더 | 死的 : 죽은<br>sǐ de 스 더 | 担心 : 걱정스러운<br>dān xīn 딴 씬 | |

轮子 : 바퀴
**lún zi** 을룬 즈

交通 : 교통
**jiāo tōng** 쨔오 통

尤其 : 특히
**yóu qí** 여우 치

坚硬的 : 단단한
**jiān yìng de** 찌엔 잉 더

介绍 : 소개하다
**jiè shào** 찌에 쌰'오

| 功能 : 기능 | 科技 : 과학기술 | 训练 : 훈련 | 保持 : 유지하다 |
|---|---|---|---|
| **gōng néng** 꽁 넝 | **kē jì** 커 찌 | **xùn liàn** 쒼 을리엔 | **bǎo chí** 바오 츠 |

| 向前 : 앞으로 |
|---|
| **xiàng qián** 씨앙 치엔 |

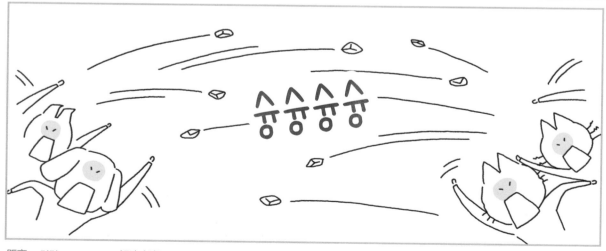

距离 : 거리
jù lí 쮜올리

解决方案 : 해결책
jiě jué fāng àn 지에 쮀에 팡안

向后 : 뒤로
xiàng hòu 씨앙 허우

镜子 : 거울
jìng zi 찡 즈

观光旅行 : 관광 여행
guān guāng lǚ xíng 꽌 꾸앙 을뤼 싱

早 : 일찍
zǎo 자오

往返旅行 : 왕복 여행
wǎng fǎn lǚ xíng 왕 판 을뤼 싱

约定 : 약속
yuē dìng 위에 띵

承诺 : 승낙하다
**chéng nuò** 청 누어

联系 : 연락하다
**lián xì** 올리엔 씨

保重身体. : 몸 건강해.
**bǎo zhòng shēn tǐ.** 바오 쭝 쎤 티.

令人震惊的 : 충격적인
**lìng rén zhèn jīng de** 올링 런 쩐 찡 더

更 : 더
**gèng** 껑

---

一点 : 조금
**yì diǎn** 이 디엔

更低的 : 더 낮은
**gèng dī de** 껑 띠 더

有怪味. : 냄새가 나다.
**yǒu guài wèi.** 여우 꽈이 웨이.

臭味 : 악취
**chòu wèi** 쳐우 웨이

创造性地 : 창조적으로
**chuàng zào xìng de** 추앙 짜오 씽 더

地毯 : 카펫
**dì tǎn** 띠 탄

| 上周 : 지난주에 | 这周 : 이번 주에 | 下周 : 다음 주에 | 袜子 : 양말 |
|---|---|---|---|
| **shàng zhōu** 쌍ˊ 쪄ˉ우 | **zhè zhōu** 쪄ˋ 쪄ˉ우 | **xià zhōu** 씨아 쪄ˉ우 | **wà zi** 와 즈 |
| 洗 : 씻다 | 洗澡 : 샤워하다 | 沙发 : 소파 | |
| **xǐ** 시 | **xǐ zǎo** 시 자오 | **shā fā** 쌰ˉ 파ˉ | |

浴缸 : 욕조
**yù gāng** 위 깡

热水 : 따뜻한 물
**rè shuǐ** 러 쉐'이

装满 : 채우다
**zhuāng mǎn** 쭈앙' 마안

身体 : 몸
**shēn tǐ** 쎈'티

脱 : 벗다
**tuō** 투어

转动 : 돌다
**zhuǎn dòng** 쥬'안 뚱

| | | | |
|---|---|---|---|
| 肥皂 : 비누 | 温柔的 : 부드러운 | 头发 : 머리카락 | 完了 : 완료하다 |
| **féi zào** 페'이 짜오 | **wēn róu de** 원 러우 더 | **tóu fa** 터우 파' | **wán liǎo** 완 을랴오 |

差不多的 : 비슷한
**chà bu duō de** 챠' 부 뚜어 더

安静的 : 조용한
ān jìng de 안 찡 더

缝隙 : 틈
fèng xì 펑ˊ씨

开着的 : 열린
kāi zhe de 카이 져ˊ더

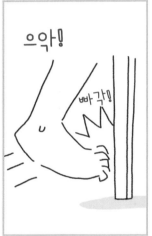

练习 : 연습
liàn xí 올리엔 시

空调 : 에어컨
kōng tiáo 콩 탸오

凉爽的 : 시원시원한
liáng shuǎng de 올리앙 슈'앙 더

穿 : 입다
chuān 추'안

脚趾 : 발가락
jiǎo zhǐ 쟈오 즈'

椅子 : 의자
yǐ zi 이 즈

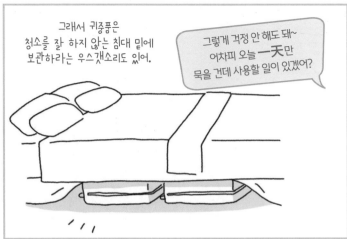

| 小冰箱 : 냉장고<br>**xiǎo bīng xiāng** 샤오 삥 씨앙 | 使用費 : 사용료<br>**shǐ yòng fèi** 스'용 페이 | 保险箱 : 금고<br>**bǎo xiǎn xiāng** 바오 시엔 씨앙 | 密码 : 비밀번호<br>**mì mǎ** 미 마 |
| 一天 : 하루<br>**yī tiān** 이 티엔 | 无线网 : 무선인터넷<br>**wú xiàn wǎng** 우 씨엔 왕 | 小册子 : 안내 책자<br>**xiǎo cè zi** 샤오 처즈 | |

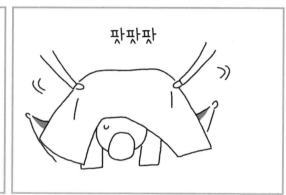

冷的 : 추운
lěng de 을렁 더

湿的 : 젖은
shī de 쓰ʼ더

毛巾 : 수건
máo jīn 마오 찐

梳子 : 빗
shū zi 쓔ʼ즈

| | | | |
|---|---|---|---|
| 地板 : 마루 | 盖 : 덮다 | 互联网 : 인터넷 | 电视 : 텔레비전 |
| **dì bǎn** 띠 반 | **gài** 까이 | **hù lián wǎng** 후올리엔 왕 | **diàn shì** 띠엔 씨 |

| 沙漠 : 사막 | 环境 : 환경 | 火山 : 화산 | 活动 : 활동 |
|---|---|---|---|
| **shā mò** 샤' 모어 | **huán jìng** 환 찡 | **huǒ shān** 후어 쌴' | **huó dòng** 후어 똥 |

| 汇率 : 환율 | 金融的 : 금융의 | 话题 : 문제 | |
|---|---|---|---|
| **huì lǜ** 후이 울뤼 | **jīn róng de** 찐 롱 더 | **huà tí** 화 티 | |

환경문제를 개선하기 위해선 **国际的**한 관심이 필요하지. 실로 바람직해.

끄덕끄덕

그렇지만 난 심심하단 말이야. 좀 더 흥미로운 **新闻**거리 없나?

삑

… 다음은 이탈리아 **国内的** 소식입니다.

TOPNEW

한밤중에 무단으로 도로를 점유하여 서로 **石头**를 던지며 싸우고 있던 동물들이 경찰에 의해 집단으로 검거되었습니다.

그들을 체포한 **警察**로부터 개들이 로마를 지키기 위한 사투를 벌였다는 진술을 입수했습니다.

개인 정보를 이용한 범죄조직 호롤로냥이란 곳과 대적해…

허허허, 살다 보니 별일을 다 보는구나.

하지만, 비록 그것이 **真正的**인 이야기일지라도 그들은 도로법을 위반했기에 최소 징역 1년의…

ㅋㅋ 이거야말로 오늘의 **主要的**한 뉴스감이네.

까먹음 →

그나저나, 이런 한밤중에 일하다니 굉장히 **诚实的**한 녀석들이네.

나 같이 **懒惰的**한 사람은 일 끝나고 집에 들어가면 손 하나 꼼짝하기 싫은데 말이야.

---

国际的 : 국제적인
**guó jì de** 구어 찌 더

新闻 : 뉴스
**xīn wén** 씬 원

国内的 : 국내의
**guó nèi de** 구어 네이 더

石头 : 돌
**shí tou** 스「터우

警察 : 경찰
**jǐng chá** 징 챠「

真正的 : 사실인
**zhēn zhèng de** 쩐「쩡「더

主要的 : 주요한
**zhǔ yào de** 쥬「야오 더

诚实的 : 부지런한
**chéng shí de** 쳥「스「더

懒惰的 : 게으른
**lǎn duò de** 을란 뚜어 더

그러기 위해선
일단 **日历**를 봐야겠지.

| 星期天 | 星期一 | 星期二 | 星期三 | 星期四 | 星期五 | 星期六 |
|---|---|---|---|---|---|---|
| 1 | 2 | 3 | 4 | 5 | 6 | 7 |
| 8 | 9 | 10 | 11 | 12 | 13 | 14 |
| 15 | 16 | 17 | 18 | 19 | 20 | 21 |
| 22 | 23 | 24 | 25 | 26 | 27 | 28 |
| 29 | 30 | 31 | | | | |

| 假期 : 휴가 | 假日 : 휴일 | 时间表 : 시간표 | 日历 : 달력 |
|---|---|---|---|
| **jià qī** 찌아 치 | **jià rì** 찌아 르 | **shí jiān biǎo** 스`찌엔 뱌오 | **rì lì** 르`을리 |

| 星期天 : 일요일 | 星期一 : 월요일 | 星期二 : 화요일 | 星期三 : 수요일 |
|---|---|---|---|
| **xīng qī tiān** 씽 치 티엔 | **xīng qī yī** 씽 치 이 | **xīng qī èr** 씽 치 얼 | **xīng qī sān** 씽 치 싼 |

| 星期四 : 목요일 | 星期五 : 금요일 | 星期六 : 토요일 | |
|---|---|---|---|
| **xīng qī sì** 씽 치 쓰 | **xīng qī wǔ** 씽 치 우 | **xīng qī liù** 씽 치 을리우 | |

내일이 며칠이더라? 日期를 보니 12일… 목요일이군.

좋아, 내일은 아침에 일어나서 밥을 먹고~

날이 화창하다면 식후 산책으로 동네를 한 바퀴 돌았으면 좋겠어.

이 이탈리아라는 国家的의 생생한 아침을 이 눈에 직접 담고 싶거든.

그런 直接的한 체험이 기억에 오래 남는 법이니까.

아, 그런데 정작 晴朗的한 날씨가 아니면 어떡하지?

阴天的한 날이면 건물이고 사람이고 죄다 우중충해 보일 텐데…

그런 건 딱 질색이라고. 스마트폰으로 내일 날씨를 확인해봐야겠다.

… 그런데 내가 이렇게 저렇게 하자고 提议 해봤자 어차피 저 녀석 뜻대로 흘러갈 거잖아?

저 녀석 머릿속엔 이미 完结的한 플랜이 세워져 있을 테니까.

| | | | |
|---|---|---|---|
| 日期 : 날짜<br>**rì qī** 르 치 | 国家的 : 국가의<br>**guó jiā de** 구어 찌아 더 | 直接的 : 직접적인<br>**zhí jiē de** 즈' 찌에 더 | 晴朗的 : 화창한<br>**qíng lǎng de** 칭 을랑 더 |
| 阴天的 : 흐린<br>**yīn tiān de** 인 티엔 더 | 提议 : 제의<br>**tí yì** 티 이 | 完结的 : 완결된<br>**wán jié de** 완 지에 더 | |

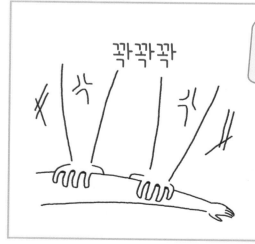

洗涤物 : 세탁물
**xǐ dí wù** 시 디 우

衣服 : 옷
**yī fu** 이 푸

准确的 : 정확한
**zhǔn què de** 준 취에 더

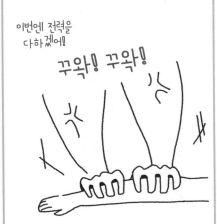

对面的 : 반대쪽의
**duì miàn de** 뛰이 미엔 더

脖子 : 목
**bó zi** 보어 즈

腰 : 허리
**yāo** 야오

跳过 : 넘기다
**tiào guò** 탸오 꾸어

充分的 : 충분한
**chōng fèn de** 총ʳ펀ʳ더

晚餐 : 저녁 식사
**wǎn cān** 완 찬

客房服务 : 룸서비스
**kè fáng fú wù** 커 팡ʳ푸ʳ우

干燥的 : 건조한
**gān zào de** 깐 짜오 더

啤酒 : 맥주
**pí jiǔ** 피 지우

智慧的 : 지혜로운
**zhì huì de** 쯔ʳ후이 더

喂? : 여보세요?
**wéi?** 웨이?

附加的 : 추가의
**fù jiā de** 푸ʳ찌아 더

包含 : 포함하다
**bāo hán** 빠오 한

服务费 : 봉사료
**fú wù fèi** 푸ʳ우 페이

房价 : 객실별 가격
**fáng jià** 팡ʳ찌아

아얏! 이를 어째! 침대에 흘려버렸어. 미안.

괜찮아, 다행히 床罩에만 살짝 묻었네. 알아서 마를 거야.

ㅋㅋㅋㅋ   ㅋㅋㅋ

자, 그럼 다 먹었지? 牙齿 닦고 우리도 이만 자자.

치카치카

불 끈다~

아, 안 돼. 난 잘 때 무서워서 집에서도 电灯 켜고 잔단 말이야.

그럼 너무 明亮的하니까 조금만 어둡게 할게.

후아, 枕头 푹신푹신하니 기분 좋다~

被子도 부들부들하니 따뜻해~

床罩 : 침대 커버
chuáng zhào 추'앙 짜'오

牙齿 : 치아
yá chǐ 야 츠'

电灯 : 전등
diàn dēng 띠엔 떵

明亮的 : 밝은
míng liàng de 밍 을리앙 더

枕头 : 베개
zhěn tou 전' 터우

被子 : 이불
bèi zi 뻬이 즈

아, 맞다. 먹고 바로 躺하면 역류성 식도염 걸리는데

 얼씨구, 네가 언제 그런 健康을 챙겼다고 그러냐

 그렇긴 하지~?

조용一

그런데 이 동네 진짜 조용하다. 噪音이 거의 없어.

… 你猜怎么着.
우리 알고 지낸 지 얼마나 됐지?

글쎄? 우리가 갓난 婴儿이었을 때부터 봐왔으니까 엄청 오래됐지.

그치…
엄청 오래됐어…

근데 생뚱맞게 갑자기 왜 이런 얘기를?

… 그거 기억나?

어렸을 때 너 혼자 자정 무렵까지 내 生日 축하해줬던 거.

아, 기억나지. 그때 우리 年龄이 아마 9살이었을 걸?

응, 그날 저녁에 친구들과 생일 派对 하려고 엄마랑 같이 아침부터 음식을 정성껏 준비하고,

점심에 친구들을 찾아가서 邀请函을 돌렸지.

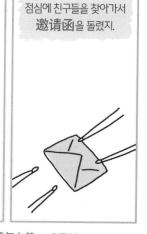

---

躺 : 눕다
tǎng 탕

婴儿 : 아기
yīng ér 잉 얼

邀请函 : 초대장
yāo qǐng hán 야오 칭 한

健康 : 건강
jiàn kāng 찌엔 캉

生日 : 생일
shēng rì 셩ㄹ

噪音 : 소음
zào yīn 짜오 인

年龄 : 나이
nián líng 니엔ㄹ링

你猜怎么着. : 있잖아.
nǐ cāi zěn me zhe. 니 차이 전 머 져.

派对 : 파티
pài duì 파이 뛰이

그런데… 저녁이 되었는데도 아무도 오질 않았어… **蛋糕**에 꽂아 놓았던 9개의 초는 모두 녹아내릴 참이었지.

그때, 네가 부리나케 찾아와 나와 함께 초를 **吹** 해줬잖아.

전날 너와 싸우는 바람에 너만 **邀请**하지 않았는데 말이야…

그래서 내가 얼마나 미안하고 고마웠는지 넌 모를 거야…

ㅋㅋㅋ 그랬냐? 근데 생뚱맞게 갑자기 왜 이런 얘길!?

벌떡

나 말이야… 너를 **喜欢**해.

---

蛋糕 : 케이크　　　　　吹 : 불다　　　　　邀请 : 초대　　　　　喜欢 : 좋아하다
**dàn gāo** 딴 까오　　**chuī** 춰'이　　　**yāo qǐng** 야오 칭　　**xǐ huan** 시 환

| | | | |
|---|---|---|---|
| 意识到 : 깨닫다 | 爱 : 사랑하다 | 朋友 : 친구 | 家人 : 가족 |
| **yì shī dào** 이 쓰 ゙따오 | **ài** 아이 | **péng you** 펑 여우 | **jiā rén** 지아 런 |
| 丈夫 : 남편 | 妻子 : 부인 | 厨房 : 부엌 | |
| **zhàng fu** 쨩゙ 푸゙ | **qī zi** 치 즈 | **chú fáng** 츄゙ 팡゙ | |

나는 곧바로 浴室에 들어가 샤워를 하면서 그날 있었던 피로를 풀어내지.

식사 후엔 함께 客厅에 앉아 TV를 보며 이야기를 나누는 거야.

그리고 밤이 찾아오면 함께 卧室에 들어가서…

그만!! 그만!!!

네 얘기는 지금 은하철도를 타고 안드로메다로 향하고 있어!!

그보다, 결혼이란 게 그렇게 简单的한 일이야?

서로의 가족이 합치는 건데 우리끼리 决定 할 일이 아니잖아.

이런 중대한 事件에 대해선 서로 가족들과 깊게 얘기를 나눠봐야지.

… 너도 꼭 싫은 것만은 아닌가 보네?

헉!! 아니, 그게 아니라.

너 때문에 쿵쾅거리고 있는 내 心脏 소리 들려?

차, 착각하지 마!! 너 아까 커피 많이 마셔서 그런 거야!!

---

浴室 : 욕실
yù shì 위 쓰'

客厅 : 거실
kè tīng 커 팅

卧室 : 침실
wò shì 워 쓰'

简单的 : 간단한
jiǎn dān de 지엔 딴 더

决定 : 결정
jué dìng 쥐에 띵

事件 : 사안
shì jiàn 쓰'지엔

心脏 : 심장
xīn zàng 씬 짱

关着的 : 닫혀있는
guān zhe de 꽌 져ʼ더

线 : 선
xiàn 씨엔

不行不行. : 안돼 안돼.
bù xíng bù xíng. 뿌 싱 뿌 싱.

疼! : 아프다!
téng! 텅!

| 梦 : 꿈 | 醒来 : 잠이 깨다 | 明确的 : 분명한 | 橡皮 : 지우개 |
|---|---|---|---|
| mèng 멍 | xǐng lái 싱 올라이 | míng què de 밍 취에 더 | xiàng pí 씨앙 피 |
| 退房 : 체크 아웃 | 哎呀! : 이런! | | |
| tuì fáng 퉤이 팡 | āi ya! 아이 야! | | |

| 闹钟 : 알람 | 提供 : 제공하다 | 停留 : 머물다 | 瞬间 : 순간 |
|---|---|---|---|
| **nào zhōng** 나오 쭝 | **tí gōng** 티 꽁 | **tíng liú** 팅 ㄹ리우 | **shùn jiān** 쑨 찌엔 |

希望 : 희망
xī wàng 씨 왕

高尔夫球 : 골프
gāo ěr fū qiú 까오 얼 푸 치우

戒指 : 반지
jiè zhi 찌에 즈

# 05 지시대명사

## 화장실은 '저기'입니다.
## '그' 가방이 마음에 드네요.
## '이'것으로 주세요.

위에 있는 3개 예문처럼 우리는 일상에서 지시대명사를 많이 사용합니다.
중국에서도 지시대명사를 자주 씁니다. 쇼핑하거나 주문할 때 제품명이나 메뉴를 읽지 못하더라도,
손가락으로 물건이나 메뉴판을 가리키면서 이거 달라고 할 수 있으니까 지시대명사는
여러모로 유용한 표현이지요.

*나와 가까운 것* ·········································· 这 zhè

이

*나와 먼 것* ·········································· 那 nà

저 / 그

*의문* ·········································· 哪 nǎ

어느

**Check Point** **내가 중심이 되는 지시대명사**

지시대명사란 사람, 사물, 장소 등을 가리키는 대명사 입니다.
중국어에서는 사물과 나와의 거리에 따라 지시대명사가 달라집니다.
상대방의 거리와는 무관하게 '나'를 기준으로 거리가 가까우면 '이'를 뜻하는
这[zhè]를, 나와 거리가 멀면 '저', '그'를 뜻하는 那[nà]를 사용합니다.

| | | |
|---|---|---|
| 지시대명사 표현 | | |

| zhè ge<br>**这个**<br>이것 | nà ge<br>**那个**<br>저것 | nǎ ge<br>**哪个**<br>어느 것 |
|---|---|---|
| zhè xiē<br>**这些**<br>이것들 | nà xiē<br>**那些**<br>저것들 | nǎ xiē<br>**哪些**<br>어느 것들 |
| zhè li<br>**这里**<br>이곳 | nà li<br>**那里**<br>저곳 | nǎ li<br>**哪里**<br>어느 곳 |
| zhèr<br>**这儿**<br>여기 | nàr<br>**那儿**<br>저기 | nǎr<br>**哪儿**<br>어디 |
| zhè biān<br>**这边**<br>이쪽 | nà biān<br>**那边**<br>저쪽 | nǎ biān<br>**哪边**<br>어느 쪽 |

| | | |
|---|---|---|
| 부사 표현 | | |

| zhè shí hou<br>**这时侯**<br>이때쯤 | nà shí hou<br>**那时侯**<br>그때쯤 | nǎ shí hou<br>**哪时侯**<br>언제쯤 |
|---|---|---|
| zhè yàng<br>**这样**<br>이렇게 | nà yàng<br>**那样**<br>저렇게 | zěn yàng<br>**怎样**<br>어떻게 |
| zhè me<br>**这么**<br>이렇게 | nà me<br>**那么**<br>저렇게 | zěn me<br>**怎么**<br>어떻게 |

부사 표현 중 의문사 '어떻게'는 다른 지시대명사 표현들과 달리
哪[nǎ] 가 아닌 怎[zěn] 과 결합되어 사용합니다.

## 5장

묻어가는 게 최선!
지리를 모를 땐 옆 사람에게

姑母 : 고모
gū mǔ 꾸 무

明天 : 내일
míng tiān 밍 티엔

后天 : 모레
hòu tiān 허우 티엔

글피에 북섬에서 남섬으로 페리를 타고 이동해서 그 뒤로는 쭉 南 섬을 여행할 거야!

北 섬에서 남섬으로? 아, 혹시 뉴질랜드가 섬나라야?

응응. 뉴질랜드는 두 개의 큰 섬과 그 밖의 수많은 작은 섬들로 이루어진 오세아니아의 섬나라야. 뉴질랜드의 西로 1,500km 정도 떨어진 곳에는 오스트레일리아가 있고, 東으로는 드넓은 태평양이 펼쳐져 있어.

오스트레일리아

1,500km

태평양

이렇게 외진 곳에 있었기 때문에 인간이 마지막으로 발견한 섬 중 하나였다고 해!

아니, 이런 곳에 섬이?!

호오, 그렇구나~ 그런데 너희 고모가 여기 사셔?

응. 고모의 남편, 그러니까 姑夫랑 같이 딤섬집을 운영하고 계셔.

---

南 : 남쪽
**nán** 난

北 : 북쪽
**běi** 베이

西 : 서쪽
**xī** 씨

东 : 동쪽
**dōng** 똥

姑夫 : 고모부
**gū fu** 꾸 푸

| | | | |
|---|---|---|---|
| 決定 : 결정 | 节省 : 아끼다 | 地址 : 주소 | 疾病 : 질병 |
| **jué dìng** 쥐에 띵 | **jié shěng** 지에 셩ʳ | **dì zhǐ** 띠 즈ʳ | **jí bìng** 지 삥 |
| 警察局 : 경찰서 | 雨伞 : 우산 | | |
| **jǐng chá jú** 징 챠ʳ 쥐 | **yǔ sǎn** 위 산 | | |

旁边 : 옆
**páng biān** 팡 삐엔

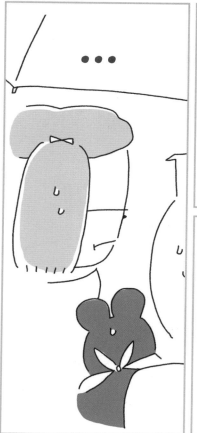

裤子 : 바지
**kù zi** 쿠 즈

方向 : 방향
**fāng xiàng** 팡¹ 씨앙

迷路的 : 길을 잃은
**mí lù de** 미율루 더

短信 : 문자 메시지
**duǎn xìn** 두안 씬

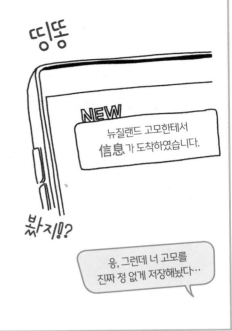

| | | | |
|---|---|---|---|
| 打电话 : 전화하다 | 回信 : 답장하다 | 信息 : 메시지 | 位置 : 위치 |
| **dǎ diàn huà** 다 띠엔 화 | **huí xìn** 후이 씬 | **xìn xī** 씬 씨 | **wèi zhi** 웨이 즈 |

| |
|---|
| 大厦 : 빌딩 |
| **dà shà** 따 샤 |

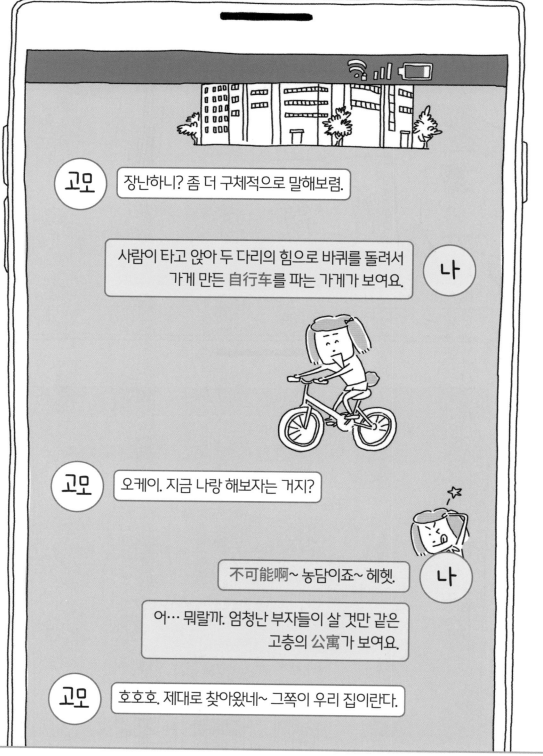

고모 : 장난하니? 좀 더 구체적으로 말해보렴.

나 : 사람이 타고 앉아 두 다리의 힘으로 바퀴를 돌려서 가게 만든 自行车를 파는 가게가 보여요.

고모 : 오케이. 지금 나랑 해보자는 거지?

나 : 不可能啊~ 농담이죠~ 헤헷.

나 : 어… 뭐랄까. 엄청난 부자들이 살 것만 같은 고층의 公寓가 보여요.

고모 : 호호호. 제대로 찾아왔네~ 그쪽이 우리 집이란다.

---

自行车 : 자전거
**zì xíng chē** 쯔 싱 쳐

不可能啊. : 그럴 리가요.
**bù kě néng a.** 뿌 커 넝 아.

公寓 : 아파트
**gōng yù** 꽁 위

뭐야, 여기였어?
코앞에 두고 헤맸네.

그런데 대박이다.
고모님 엄청 成功하셨네.

...님?

| 고모 | 그런데 이를 어쩌니. 우리가 지금 가게를 봐야 하기 때문에 그쪽으로 갈 수가 없단다. |

그럼 저희가 那儿로 갈까요? **나**

| 고모 | 그럴래? 그러면 여기로 오는 길을 알려주마. |

成功 : 성공
chéng gōng 청ˇ꽁

那儿 : 그쪽
nàr 날ˋ

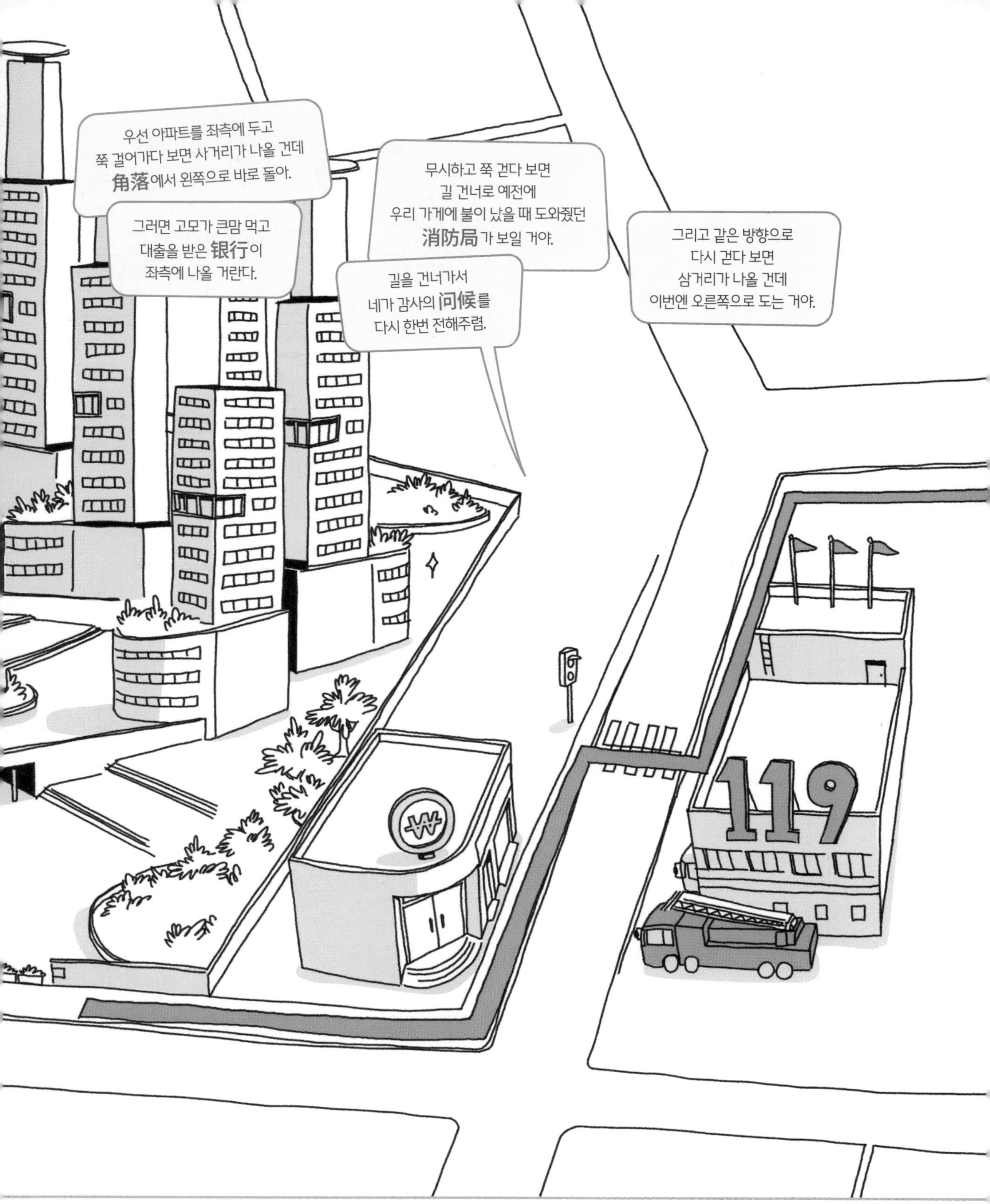

角落 : 모퉁이
jiǎo luò 쟈오 ㄹ루어

银行 : 은행
yín háng 인 항

消防局 : 소방서
xiāo fáng jú 쌰오 팡¹ 쥐

问候 : 인사, 안부
wèn hòu 원 허우

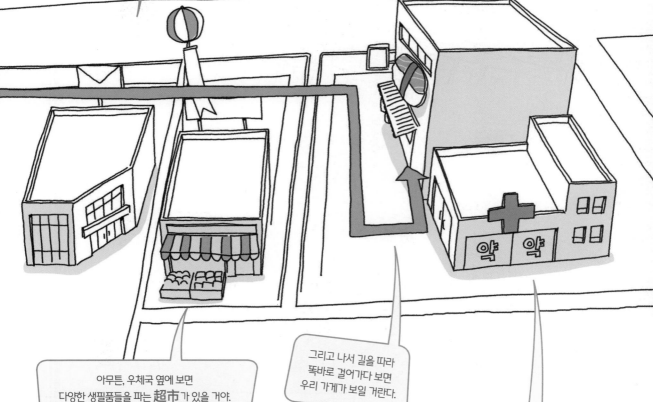

그러면 집배원들을 통해 사람들에게
**邮件**을 배달해주는 업무기관,
즉 **邮局**가 우측으로 나올 거란다.

그거 아니? 옛날에는
이 우체국을 통해 **信**을 주고받는 게
보편적인 통신수단이었단다.
고모도 자주 이용했어.

고모는 어렸을 때 **收音机** 듣는 걸 아주 좋아해서,
고모의 사연을 적은 편지를 종종 **发出**했단다.
운이 좋은 날에는 라디오 DJ가 고모의 사연을
뽑아 읽어주기도 했지.

아무튼, 우체국 옆에 보면
다양한 생필품들을 파는 **超市**가 있을 거야.
들어가서 배추 좀 사 오거라. 동이 나버렸거든.

그리고 나서 길을 따라
똑바로 걸어가다 보면
우리 가게가 보일 거란다.

아 참. 그리고 우리 가게 바로 옆에 있는
**药房**에서 파스 좀 사다 주겠니?
고모가 요새 허리를 다쳐서 **治疗** 중인데
좀처럼 낫지를 않는구나.

| | | | |
|---|---|---|---|
| 邮件 : 우편물<br>**yóu jiàn** 여우 찌엔 | 邮局 : 우체국<br>**yóu jú** 여우 쥐 | 信 : 편지<br>**xìn** 씬 | 收音机 : 라디오<br>**shōu yīn jī** 쎠'우 인 찌 |
| 发出 : 보내다<br>**fā chū** 파'츄' | 超市 : 슈퍼마켓<br>**chāo shì** 챠'오 쓰' | 药房 : 약국<br>**yào fáng** 야오 팡' | 治疗 : 치료<br>**zhì liáo** 쯔'율랴오 |

电池 : 배터리
**diàn chí** 띠엔 츠

向左 : 왼쪽으로
**xiàng zuǒ** 씨앙 주어

| | | | |
|---|---|---|---|
| 消防员 : 소방관 | 向右 : 오른쪽으로 | 一直 : 똑바로 | 忘记 : 잊다 |
| xiāo fáng yuán 샤오 팡´ 위엔 | xiàng yòu 씨앙 여우 | yì zhí 이 쯔´ | wàng jì 왕 찌 |

打扰一下. : 실례합니다.
**dǎ rǎo yí xià.** 다 라오 이 씨아.

| 健康的 : 건강한 | 报道 : 신문기사 | 报纸 : 신문 | 本文 : 본문 |
|---|---|---|---|
| **jiàn kāng de** 찌엔 캉 더 | **bào dào** 빠오 따오 | **bào zhǐ** 빠오 즈 | **běn wén** 번 원 |
| 页 : 쪽 | 译者 : 번역가 | 词典 : 사전 | |
| **yè** 예 | **yì zhě** 이 져 | **cí diǎn** 츠 디엔 | |

初次见面. : 처음 뵙겠습니다.
**chū cì jiàn miàn.** 츄′츠 찌엔 미엔.

运送 : 배달하다
**yùn sòng** 윈 쏭

香烟 : 담배
**xiāng yān** 씨앙 옌

禁烟的 : 금연의
**jìn yān de** 찐 옌 더

修理 : 고치다
**xiū lǐ** 씨우 ㄹ리

| | |
|---|---|
| 再来一点. : 더 주세요.<br>**zài lái yì diǎn.** 짜이 을라이 이 디엔. | 需要帮忙吗? : 도와 드릴까요?<br>**xū yào bāng máng ma?** 쒸 야오 빵 망 마? |
| 筷子 : 젓가락<br>**kuài zi** 콰이 즈 | 个子矮的 : 키가 작은<br>**gèzi ǎi de** 꺼즈 아이 더 |
| 个子高的 : 키가 큰<br>**gèzi gāo de** 꺼즈 까오 더 | 箱子 : 상자<br>**xiāng zi** 씨앙 즈 |
| | 难的 : 어려운<br>**nán de** 난 더 |

후후후
오늘은 평소보다 더 많이 판 것 같구나!

다들 고생 많았다! 문 닫자!

고모님도 辛苦了!

끼얏호! 오늘은 회식이구나!

드르륵

나 왔어~ 어이구, 이게 누구야! 우리 조카 아냐!

고모부~ 오랜만이에요~

안녕하세요!

당신! 뭐 하느라 이제 오는 거예요! 送餐을 무슨 베트남까지 갔다 오시기라도 한 거예요!?

辛苦了. : 수고하셨습니다.　　送餐 : 음식 배달
**xīn kǔ le.** 씬 쿠울러.　　**sòng cān** 쏭 찬

女儿 : 딸
nǚ ér 뉘 얼

好久不见. : 오랜만.
hǎo jiǔ bú jiàn. 하오 지우 부 찌엔.

堂妹 : 사촌여동생
táng mèi 탕 메이

电影院 : 영화관
diàn yǐng yuàn 띠엔 잉 위엔

집에 와서 선생님이 내주신 **作业**부터 해야 할 거 아니!

잠깐의 유혹에 빠져서 해야 할 일을 **忽视**하지 말라고 엄마가 누누이 말했지!?

핸드폰 그만하고 공부해야지~

귀찮아...

그리고 다음 주면 **考试** 기간 아니니? 그럼 한눈팔지 말고 공부를 해야지!

어제 보니까 네 또래 애들은 근처 **图书馆**에서 늦게까지 남아 공부하고 있더라!

그런데 넌 뭐? 영화!? 참나... 네가 그렇게 **学生**으로서 본분을 소홀히 하니까 친구들 사이에서도 무시당하는 거야!

그리고 네 담임 **老师**한테 다 전해 들었다! 너 요즘 교실에 모습도 잘 안 내비친다면서!?

너 도대체 어쩌려고 그러니!? 너 그 좋은 학교 보내려고 우리가 돈을 얼마나 **花**했는지 알기나 해!?

엄마는...

엄마는 아무것도 모르면서!

내 할 일은 내가 알아서 해!

---

作业 : 숙제
**zuò yè** 쭈어 예

忽视 : 소홀히 하다
**hū shì** 후 쓰

考试 : 시험
**kǎo shì** 카오 쓰

图书馆 : 도서관
**tú shū guǎn** 투 쓔 관

学生 : 학생
**xué sheng** 쉬에 셩

老师 : 선생님
**lǎo shī** 을라오 쓰

花 : 쓰다
**huā** 화

操作 : 다루다
cāo zuò 차오 쭈어

支持 : 지지하다
zhī chí 쯔 츠

错的 : 틀린
cuò de 추어 더

对的 : 옳은
duì de 뚸이 더

... 해는 쨍쨍한데 **刮风的** 하네. 겉옷 챙겨 입고 나가야겠다.

헉!!
야 너 무슨 대기업에 **面试** 라도 보러 가니? 생뚱맞게 웬 **西装** 을 입고 앉았어!

어쭈?
안에는 흰색 **衬衫** 에

목에는 **领带** 까지??

녹뒤! **时尚** 에 대해 아무것도 모르는 게 어디서 지적이야?

... 아주 오버에 오버를 쌈 싸 드셨네?

야, 나 패션 **杂志** 월간 구독 중이거든? 너보다 훨씬 더 잘 알거든?

울컥

FASHION

| 刮风的 : 바람 부는 | 面试 : 면접 | 西装 : 정장 | 衬衫 : 와이셔츠 |
|---|---|---|---|
| **guā fēng de** 꽈 펑 더 | **miàn shì** 미엔 쓰 | **xī zhuāng** 씨 쮸앙 | **chèn shān** 천 샨 |
| 领带 : 넥타이 | 时尚 : 패션 | 杂志 : 잡지 | |
| **lǐng dài** 을링 따이 | **shí shàng** 스 썅 | **zá zhì** 자 쯔 | |

| | | | |
|---|---|---|---|
| 到处 : 모든 곳에 | 天气 : 날씨 | 建议 : 권하다 | 我马上回来. : 다녀오겠습니다. |
| dào chù 따오 츄 | tiān qì 티엔 치 | jiàn yì 찌엔 이 | wǒ mǎ shàng huí lái. 워 마 샹 후이 올라이. |

平安回来. : 다녀오세요.
píng ān huí lái. 핑 안 후이 올라이.

墨镜 : 선글라스
mò jìng 모 찡

市中心 : 번화가
shì zhōng xīn 쓰「쭝」씬

오! 무슨 시장이 열렸나 봐!
**看起来很有趣!**

아오테아 광장에선
매주 금, 토요일이 되면
각양각색의 물품들을 사고파는
**跳蚤市场**이 열려요.

생활용품, 중고물품뿐만 아니라
예술가들이 직접 **设计**한
각종 공예품까지 구경할 수 있어요.

저기, 저기, 아저씨.
이 팔찌 **真的** 금으로
만든 거야?

진짜겠냐?
딱 봐도 구리에다가
**有点**의 금만 입힌
싸구려 팔찌잖아.

에비!
그런 **假的**인 금팔찌 만지면
우리 애기 쇳독 올라요.
어여 내려놓고 다른 곳
구경하러 가요.

... 다신 오지
말아주세요...

죄, 죄송합니다.

후다닥

---

**看起来很有趣!** : 재미있어 보여!
**kàn qǐ lái hěn yǒu qù!** 칸 치 을라이 헌 여우 취!

**有点** : 약간의
**yǒu diǎn** 여우 디엔

**跳蚤市场** : 벼룩시장
**tiào zao shì chǎng** 탸오 자오 쓰`창`

**假的** : 가짜의
**jiǎ de** 지아 더

**设计** : 디자인
**shè jì** 셔`찌`

**真的** : 진짜
**zhēn de** 쩐`더`

여긴 뉴질랜드 기념품을 파는 **纪念品商店**인가 봐~

어서 오세요~

그런 것 치곤 이상한 걸 **卖**하고 있는데? 이게 뭐지?

?

쿨쿨

여러분, 혹시 뉴질랜드엔 세 가지의 키위가 있다는 걸 알고 계시나요?

하나는 여러분도 잘 알고 있을 새콤달콤한 **水果** 키위.

①

또 하나는 인종 구분 없이 뉴질랜드 현지인을 칭하는 사람 키위.

그리고 마지막 하나는 우리나라의 국조이자 날지 못하는 **鸟** 키위랍니다.

②

③

이것은 그 **奇异果**들의 특징을 한데 모아 저만의 스타일로 재해석하여 만든 인형입니다.

쨔란~

---

纪念品商店 : 기념품 가게
**jì niàn pǐn shāng diàn** 찌 니엔 핀 쌍' 띠엔

卖 : 팔다
**mài** 마이

水果 : 과일
**shuǐ guǒ** 쉐'이 구어

鸟 : 새
**niǎo** 냐오

奇异果 : 키위
**qí yì guǒ** 치 이 구어

玩具 : 장난감
**wán jù** 완 쮜

那样 : 저런
**nà yàng** 나 양

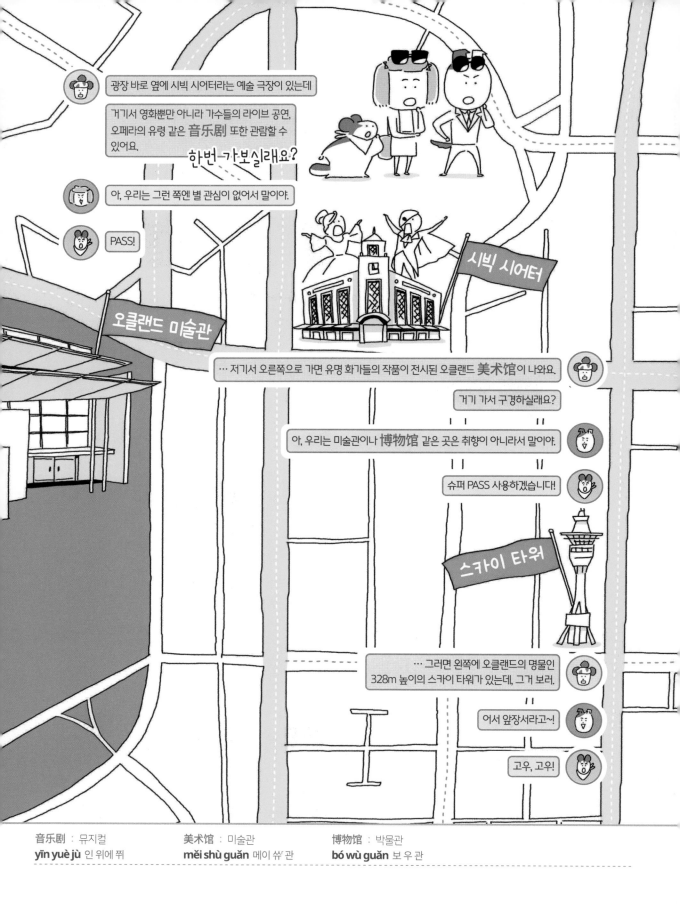

광장 바로 옆에 시빅 시어터라는 예술 극장이 있는데

거기서 영화뿐만 아니라 가수들의 라이브 공연, 오페라의 유령 같은 音乐剧 또한 관람할 수 있어요.

한번 가보실래요?

아, 우리는 그런 쪽엔 별 관심이 없어서 말이야.

PASS!

오클랜드 미술관

시빅 시어터

… 저기서 오른쪽으로 가면 유명 화가들의 작품이 전시된 오클랜드 美术馆이 나와요.

거기 가서 구경하실래요?

아, 우리는 미술관이나 博物馆 같은 곳은 취향이 아니라서 말이야.

슈퍼 PASS 사용하겠습니다!

스카이 타워

… 그러면 왼쪽에 오클랜드의 명물인 328m 높이의 스카이 타워가 있는데, 그거 보러.

어서 앞장서라고~!

고우, 고우!

音乐剧 : 뮤지컬
yīn yuè jù 인 위에 쮜

美术馆 : 미술관
měi shù guǎn 메이 쓔ˇ 관

博物馆 : 박물관
bó wù guǎn 보 우 관

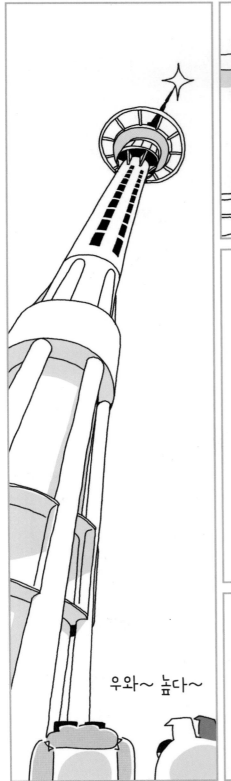

우와~ 높다~

이 스카이 타워에는 사방이 유리로 된 전망대와 한 시간마다 360도 회전하는 레스토랑 등의 즐길 거리가 있는데,

무엇보다 192m 높이에서 시속 85km의 **速度**로 낙하해 11초 만에 지상으로 내려오는 번지점프가 가장 인기가 많아요.

**选项**으로 자신의 번지점프 모습이 담긴 사진이나 티셔츠 등의 상품을 사실 수도 있어요.

192m 높이
시속 85km
11초

우왕...

너 한번 해볼래?

어우, 난 고소공포증 있어서 안 돼...

---

速度 : 속력
sù dù 쑤 뚜

选项 : 옵션
xuǎn xiàng 쉬엔 씨앙

| 頂端 : 꼭대기 | 成长 : 성장하다 | 失败 : 실패 | 试图 : 시도하다 |
|---|---|---|---|
| dǐng duān 딩 뚜안 | chēng zhǎng 청 쟝 | shī bài 쓰 빠이 | shì tú 쓰 투 |

| 指向 : 가리키다 | | | |
|---|---|---|---|
| zhǐ xiàng 즈 씨앙 | | | |

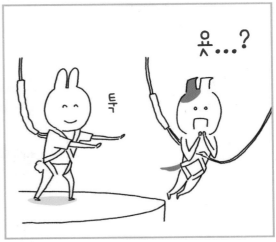

自豪的 : 자랑스러운
**zì háo de** 쯔 하오 더

加油! : 힘을 내!
**jiā yóu!** 찌아 여우!

固定 : 고정하다
**gù dìng** 꾸 띵

检查 : 점검하다
**jiǎn chá** 지엔 챠

真棒 : 최고
zhēn bàng. 쩐ˊ 빵.

恢复 : 회복하다
huī fù 후이 푸ˋ

公园 : 공원
gōng yuán 꽁 위엔ˊ

长椅 : 벤치
**cháng yǐ** 챵 이

新鲜的 : 신선한
**xīn xiān de** 씬 씨엔 더

父母 : 부모님
**fù mǔ** 푸`무

离婚 : 이혼
**lí hūn** 올리 훈

| | | | |
|---|---|---|---|
| 大学 : 대학 | 歌手 : 가수 | 重要性 : 중요성 | 例子 : 예, 보기 |
| **dà xué** 따 쉬에 | **gē shǒu** 꺼 셔'우 | **zhòng yào xìng** 쫑' 야오 씽 | **lì zi** 을리 즈 |
| 棒球 : 야구 | 中间 : 가운데 | | |
| **bàng qiú** 빵 치우 | **zhōng jiān** 쫑' 찌엔 | | |

그야 몇 회도 못 가서 흠씬 두들겨 맞고 마운드에서 내려지겠죠.

그렇게 안 되려면 어떻게 해야 할까?

홈런~~!

스트라이크 좀 그만 던지라고!

변화구를 섞어가며 위, 아래, **里面**, **外面** 골고루 뿌려야죠!

그치? 네 인생도 마찬가지야.

… **复杂的**한 말로 사람 싱숭생숭하게 만들지 말고 확실히 얘기해주실래요?

톡 쏘면서 말하는 게 딱 그 녀석이네…

그러니까…

네가 노래라는 무기 하나로 당장 가수라는 **目标**를 이뤘다고 해도 말이야.

저 가수는 노래 정말 잘하지!

그 하나만 가지고는 얼마 지나지 않아 세상이라는 타자에게 두들겨 맞고 주저앉게 될 거란 말이야.

어제 TV 프로에 출연한 ○○○ 가수가 처참한 상식 부족으로 드러나…

TOPNEW

호주의 수도가 런던?

아무리 능력이 출중하더라도 도덕성, 사회성과 같은 인성과

이해와 판단에 필요한 상식이 결여되어 있다면 **结果**적으로 사람들에게 외면당하게 되어 있거든.

노래만…

그래, 노래만…

| 里面 : 안쪽 | 外面 : 바깥쪽 | 复杂的 : 복잡한 | 目标 : 목표 |
|---|---|---|---|
| lǐ miàn 을리 미엔 | wài miàn 와이 미엔 | fù zá de 푸ˊ자 더 | mù biāo 무 뺘오 |

结果 : 결과
jié guǒ 찌에 구어

그것들을 어려서부터 자연스럽게 습득하고 안전하게 갈고 닦을 수 있는 공간이 어딘지 알아?

바로 **学校**야.

그리고 그 학교에서 얻게 되는 지식이 비록 지금은 아무짝에도 쓸모없는 것처럼 보일지 몰라도,

나중에 가보면 다양한 방면에서 알게 모르게 큰 **帮助**가 되어 준단 말이지~

· · ·

좁고 **直的**한 길로 걸어가면 가고자 하는 목적지엔 금방 도착하겠지.

♪~

하지만 목적지에 도착했을 때 분명 **后悔**하게 될 거야.

세상 물정 모르는 우물 안 개구리가 되어 있을 테니까.

인기
돈
인맥
인성

인기
돈

상식
지식
돈
명예
인기

---

学校 : 학교
**xué xiào** 쉬에 쌰오

帮助 : 도움
**bāng zhù** 빵 쭈

直的 : 곧은
**zhí de** 즈더

后悔 : 후회하다
**hòu huǐ** 허우 후이

目的地 : 목적지
mù dì dì 무 띠 띠

要点 : 요점
yào diǎn 야오 디엔

无聊的 : 지루한
wú liáo de 우 을랴오 더

제가 가수 **成为**하는 걸 엄마는 언제까지고 허락해 주지 않을 거란 점이에요…

가수라고?! 공부 싫다더니 이상한 거에 빠져선!!

확실해? 어머니랑 제대로 **对话**는 나눠보고 말하는 거야?

아뇨… 그렇지만 말해봤자 씨알도 안 먹힐 거예요. 무척 보수적인 분이라…

그건 네 생각일 뿐이잖아. 일단 대화부터 시도해봐.

그러고 나서도 반대하신다면 어머니 앞에서 **唱歌**해서 네 실력과 진심을 증명해 보이는 거야.

말로 하는 것보다 열 배는 **有效的**한 방법일 테니까!

많은 사람 앞에서 노래하고 싶다는 녀석이 고작 한 사람 앞에서?

그, 그런 걸 어떻게 해욧! 부끄럽게!

꿈에 대한 네 마음이 **真实**라면 전혀 부끄러워할 일이 아닐 텐데!

콰과광!

---

| | | | |
|---|---|---|---|
| 成为 : 되다 | 对话 : 대화 | 唱歌 : 노래하다 | 有效的 : 효과적인 |
| **chéng wéi** 청'웨이 | **duì huà** 뛰이 화 | **chàng gē** 창'꺼 | **yǒu xiào de** 여우 샤오 더 |

真实 : 진실
**zhēn shí** 쩐'쓰'

| 电力 : 전기 | 公交车 : 버스 | 公交车站 : 버스 정류장 | 哪个 : 어느 것, 어떤 |
|---|---|---|---|
| **diàn lì** 띠엔 울리 | **gōng jiāo chē** 꽁 쨔오 쳐ˇ | **gōng jiāo chē zhàn** 꽁 쨔오 쳐ˇ 짠ˋ | **nǎ ge** 나 거 |

---

添了很多麻烦. : 신세를 졌습니다.
tiān le hěn duō má fán. 티엔 러러 헌 뚜어 마 판.

这是好事. : 잘된 일이네.
zhè shì hǎo shì. 쪄 쓰 하오 쓰.

多亏了你. : 덕분에요.
duō kuī le nǐ. 뚜어 쿠이 러러 니.

---

交换 : 교환하다
jiāo huàn 쨔오 환

再见! : 잘가!
zài jiàn! 짜이 찌엔!

下次见. : 또 보자.
xià cì jiàn. 씨아 츠 찌엔.

船 : 배
chuán 추′안

那 : 저
nà 나

作家 : 작가
zuò jiā 쭈어 찌아

纸 : 종이
zhǐ 즈′

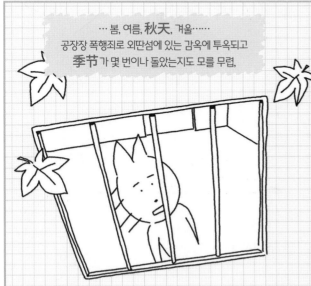

| 笔记本电脑 : 노트북 | 穷的 : 가난한 | 笔 : 펜 | 想法 : 생각 |
|---|---|---|---|
| **bǐ jì běn diàn nǎo** 비 지 번 디엔 나오 | **qióng de** 치옹 더 | **bǐ** 비 | **xiǎng fǎ** 시앙 파 |
| 读 : 읽다 | 秋天 : 가을 | 季节 : 계절 | 去除 : 제거하다 |
| **dú** 두 | **qiū tiān** 치우 티엔 | **jì jié** 찌 지에 | **qù chú** 취 츄 |

그 찰나를 놓치지 않은 그는 뒤도 돌아보지 않고
철조망을 뛰어넘어 바다로 입수했고,

거, 거기
서라!

곧이어 저 멀리 보이는 수평선을 향해 힘껏 游泳해갔다.

앞길이 어떻게 될지는 신경 안 써!
지금은 단지 이 自由的한 기분을 만끽할 뿐이야!

그렇게 생각했던 것도 잠시… 힘이 다해버린 그는
결국 바다의 흐름에 제 몸을 맡겼다.

망망대해에서의 자포자기란 죽음을 意思
한다는 건 알고 있었지만 어쩔 도리가 없었다.

아… 그 공장장 녀석이
富裕한 집안의 셋째 아들이란 걸
알았으면 절대로 건드리지 않을 텐데…!

돈이란 것의 무서움을 새삼 느끼며
다가오는 죽음을 서서히 맞아들이려 할 때!

저, 저건? …
틀림없어! 陆地야!
얏호! 난 살았다!

---

游泳 : 수영하다
yóu yǒng 여우 용

自由的 : 자유로운
zì yóu de 쯔 여우 더

意思 : 의미
yì si 이 스

富裕 : 부유하다
fù yù 푸위

陆地 : 육지
lù dì 울루 띠

그곳은 그 옛날 전설의 해적이 **收集**한 수천 가지의 보물이 쌓여있는 보물섬이었던 것이다!

그는 최후의 힘을 쥐어짜 내어 저 멀리 보이는 육지를 향해 헤엄쳤고,

간신히 육지에 **到达**했을 때 그는 벌어지는 입을 다물 수가 없었다.

어, 어때? 다 읽어봤니? 그 뒤로 어떻게 진행해야 할지 전혀 모르겠어…

죄송해요. 저로서도 잘 **我不知道**…

아, 맞다!

야, 네가 한번 읽어봐! 너 겉보기와는 다르게 책 많이 읽는 **读书**광이잖아!

어, 어이! 지금의 애한테 글자를 읽게 하면…!

우웁…

---

到达 : 도착
dào dá 따오 다

收集 : 모으다
shōu jí 셔'우 지

我不知道. : 모르겠어요.
wǒ bù zhī dào. 워 뿌 쯔' 따오.

读书 : 독서
dú shū 두 쑤'

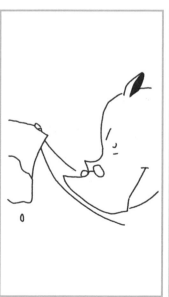

| 坏的 : 나쁜 | 汽车 : 자동차 | 开车 : 운전하다 |
|---|---|---|
| **huài de** 화이 더 | **qì chē** 치 쳐 | **kāi chē** 카이 쳐 |

驾驶证 : 운전면허증
**jià shǐ zhèng** 찌아 스「쩡」

后备箱 : 트렁크
**hòu bèi xiāng** 허우 뻬이 씨앙

司机 : 운전사
**sī jī** 쓰 찌

乡下 : 시골
xiāng xià 씨앙 씨아

湖 : 호수
hú 후

颜色 : 색깔
yán sè 옌 써

海滩 : 해변
hǎi tān 하이 탄

大小 : 크기
dà xiǎo 따 샤오

오호! 然后呢?

... 밀퍼드 사운드라는 피오르(협만)로 가서 유람선을 탈 거야.

반지의 제왕 촬영지로 잘 알려져 있는데 다 필요 없고 山谷에서 쏟아지는 스털링이라는 이름의 폭포수를 맞으면 주름이 펴질 정도로 젊어진다는 속설이 있거든~

그래, 잘 생각했다. 넌 좀 심하게 맞을 필요가 있어.

뭐래... 죽고 싶냐?

가서 아예 샤워를 해!

그보다 조용히 좀 해! 霧가 너무 많이 껴서 운전에 집중 안 하면 위험하단 말이야!

헐! 갑자기 뭐야, 이 안개는!? 前이 안 보일 지경이잖아!!?

뿅!

ㅋㅋㅋㅋㅋㅋㅋㅋㅋㅋ 아ㅋㅋ ㅋㅋㅋㅋ 심각한 상황에 뭐 하는 거야! 진짜 ㅋㅋㅋ ㅋㅋ

然后呢? : 그리고는?
rán hòu ne? 란 허우 너?

山谷 : 계곡
shān gǔ 쌴 구

霧 : 안개
wù 우

前 : 앞
qián 치엔

气 : 가스
qì 치

村庄 : 마을
cūn zhuāng 춘 쮜'앙

油 : 기름
yóu 여우

加油站 : 주유소
jiā yóu zhàn 찌아 여우 짠'

吃吧. : 먹자.
chī ba. 츠'바.

| 汉堡 : 햄버거 | 快餐 : 패스트푸드 | 停车 : 주차 | 午餐时间 : 점심시간 |
|---|---|---|---|
| **hàn bǎo** 한 바오 | **kuài cān** 콰이 찬 | **tíng chē** 팅 쳐 | **wǔ cān shí jiān** 우 찬 스 찌엔 |
| 奶酪 : 치즈 | 薯条 : 감자튀김 | | |
| **nǎi lào** 나이ㄹ라오 | **shǔ tiáo** 슈 탸오 | | |

| | | | |
|---|---|---|---|
| **可乐** : 콜라 | **面条** : 국수 | **续杯** : 리필 | **什么事?** : 무슨 일이야? |
| **kě lè** 커 울러 | **miàn tiáo** 미엔 탸오 | **xù bēi** 쉬 뻬이 | **shén me shì?** 션  머 쓰? |
| **周** : 주 | | | |
| **zhōu** 쪄 우 | | | |

冰块 : 얼음
**bīng kuài** 삥 콰이

白费 : 허비하다
**bái fèi** 바이 페이

走吧! : 가자!
**zǒu ba!** 저우 바!

# 06 중국어 호칭

그렇다면 길 가다 만난 타인은 어떻게 불러야 할까요?
우리말에는 '선생님', '기사님'과 같이 상대방을 격식 있게 부르는 호칭들이 있죠. 중국어도 마찬가지입니다.

## 격식 표현

### 1 先生 xiān shēng

**선생님**

남성을 높여 부르는 말로 '신사 숙녀 여러분'의 '신사'로
번역됩니다. 초면인 남성에게 쓰는 '선생님'과 같은 어감
으로 사용됩니다.

### 2 女士 nǚ shì

**숙녀**

여성을 높여 부르는 말로 '신사 숙녀 여러분'의 '숙녀'로
번역됩니다. '여사'의 뜻도 있지만, 한국과 달리 미혼의
여성에게도 쓰입니다.

### 3 师傅 shī fu

**기사님**

성별과 상관없이 우리말의 '기사님'에 해당하는 호칭
입니다. 택시기사, 수리공 등 전문 기술자들, 그리고
초면인 사람을 높여 부르는 호칭입니다.

### 4 服务员 fú wù yuán

**종업원**

성별과 상관없이 종업원을 높여 부르는 호칭입니다.
식당, 상점, 쇼핑몰에서 점원을 부를 때 쓰는 '저기요'에
해당하는 호칭입니다.

처음 본 사람에게 '선생님'이라 부를 수 있지만, '실례합니다'와 같은 표현으로
시선을 끌 수도 있습니다. 굳이 호칭을 사용하지 않고도 말문을 틀 수 있는 '공손하고 격식 있는'
유용한 표현들, 무엇이 있을까요?

### 5 打扰一下
dǎ rǎo yí xià

**실례합니다**

영어의 excuse me 와 같은 어감으로 사용됩니다.
식당에서 직원을 부를 때, 길을 물을 때, 다양한 상황에서
쓰일 수 있는 표현입니다.

### 6 不好意思
bù hǎo yì si

**미안합니다**

우리말의 '미안합니다'와 같습니다.
초면인 사람에게 말을 걸거나, 시선을 끌어야 할 때 사용
하는 표현입니다.

## **비격식** 표현

우리는 종종 식당 직원에게는 '삼촌', '이모'라 부르며, 옷가게 점원에게는 '언니', '오빠'라 부릅니다.
혈연관계가 아닌데도 말이죠. 중국어도 우리말과 똑같습니다.
다음 가족 호칭은 혈연관계가 아닌 사이에서도 친근함을 표현하기 위해 쓰입니다.

**7 叔叔** shū shu

**삼촌 / 아저씨**
혈연관계에서는 '작은아버지·삼촌'의 뜻으로 사용되지만,
중년층 남성에 대한 존중의 의미가 담긴 '아저씨'와 같은
어감으로도 사용됩니다.

**8 阿姨** ā yí

**이모 / 아주머니**
우리와 비슷한 정서로, 혈연관계가 아니어도 결혼한
여성이나 중년층 여성을 친근하게 부를 때 '아주머니'와
같은 어감으로 사용됩니다.

**9 (大)哥** (dà) gē

**오빠·형**
한두 살 많은 남성을 친근하게 부르는 호칭입니다.
연장자에 대한 존중의 의미인 大는 생략할 수 있습니다.

**10 (大)姐** (dà) jiě

**언니·누나**
한두 살 많은 여성을 친근하게 부르는 호칭입니다.
마찬가지로, 연장자에 대한 존중의 의미인 大는 생략할 수
있습니다.

중국에 가면 누구나 '미남', '미녀'가 됩니다.
중국인들이 애정하는 호칭 중 하나이기 때문이죠.
파격적인 할인을 원한다면 점원을 먼저 '미남', '미녀'라고 불러보세요.

**11 帅哥** shuài gē

**미남**
동년배 혹은 아랫사람인 남성을 친근하게 부를 때 쓰는
호칭입니다. 지금은 사용범위가 확대되어 윗사람에게도
기분 좋게 사용할 수 있습니다.

**12 美女** měi nǚ

**미녀**
동년배 혹은 아랫사람인 여성을 친근하게 부를 때 쓰는
호칭입니다. 지금은 사용범위가 확대되어 윗사람에게도
기분 좋게 사용할 수 있습니다.

# 6장

먹고 살 수 있잖아?
요리 못해도

夏天 : 여름
xià tiān 씨아 티엔

连衣裙 : 원피스
lián yī qún 올리엔 이 췬

短裤 : 반바지
duǎn kù 두안 쿠

骑 : 타다
qí 치

후훗, 베트남의 주요 교통수단이 摩托车라서 그래~

비타민 같은 녀석~^^

낮은 국민 소득과 높은 관세 때문에 부자가 아닌 이상 차를 사기 힘들거니와

우리가 출퇴근할 때 자주 이용하는 버스나 地铁 같은 대중교통이 별로 발달하지 않았거든.

그렇구나… 근데 우리 지금 누구 기다려…? 빨리 어디든 가서 밥 먹자…

아, 말 안 했나?

베트남 요리 교실 신청했어~ 우리가 直接地 베트남 요리해 먹을 거야~

뭐 인마? 내가 언제 做饭해 먹고 싶댔어? 난 그냥 배만 채우면 된다고!

이번 기회에 베트남 요리에 대해서 学习하고!

그걸로 배도 채우고! 일석이조잖아~

저기요~

---

摩托车 : 오토바이
mó tuō chē 모 어 투어 쳐

地铁 : 지하철
dì tiě 띠 티에

直接地 : 직접
zhí jiē de 즈 찌에 더

做饭 : 요리하다
zuò fàn 쭈어 판

学习 : 배우다
xué xí 쉬에 시

请多关照. : 잘 부탁드립니다.
qǐng duō guān zhào. 칭 뚜어 꽌 짜오.

我才是呢, 请多多关照. : 저야말로 잘 부탁드립니다.
wǒ cái shì ne, qǐng duō duō guān zhào. 워 차이 쓰'너, 칭 뚜어 뚜어 꽌 짜오.

市场 : 시장
shì chǎng 쓰'창'

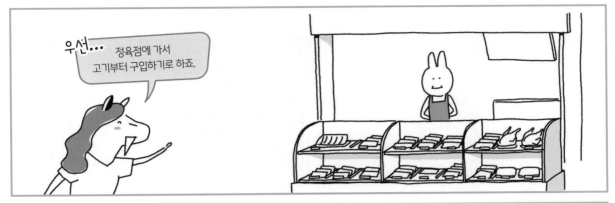

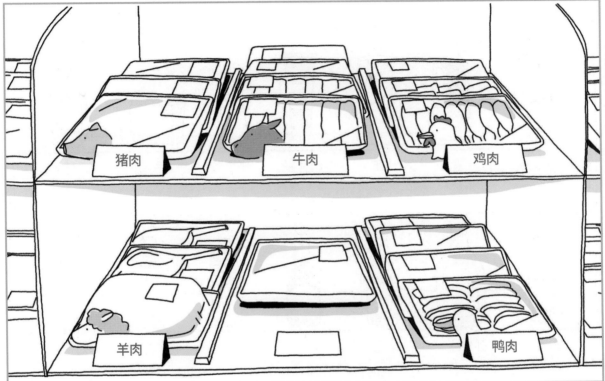

猪肉 : 돼지고기
**zhū ròu** 쮸 러우

牛肉 : 소고기
**niú ròu** 니우 러우

鸡肉 : 닭고기
**jī ròu** 찌 러우

羊肉 : 양고기
**yáng ròu** 양 러우

鸭肉 : 오리고기
**yā ròu** 야 러우

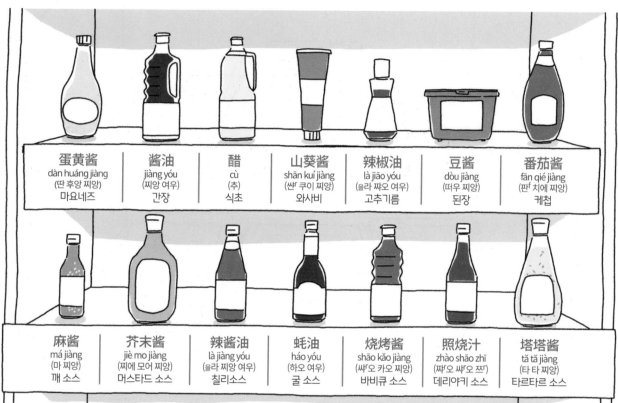

| 蛋黄酱 | 酱油 | 醋 | 山葵酱 | 辣椒油 | 豆酱 | 番茄酱 |
|---|---|---|---|---|---|---|
| dàn huáng jiàng | jiàng yóu | cù | shān kuí jiàng | là jiāo yóu | dòu jiàng | fān qié jiàng |
| (딴 후앙 찌앙) | (찌앙 여우) | (추) | (쌴 쿠이 찌앙) | (을라 쨔오 여우) | (떠우 찌앙) | (판ᶠ 치에 찌앙) |
| 마요네즈 | 간장 | 식초 | 와사비 | 고추기름 | 된장 | 케첩 |

| 麻酱 | 芥末酱 | 辣酱油 | 蚝油 | 烧烤酱 | 照烧汁 | 塔塔酱 |
|---|---|---|---|---|---|---|
| má jiàng | jiè mo jiàng | là jiàng yóu | háo yóu | shāo kǎo jiàng | zhào shāo zhī | tǎ tǎ jiàng |
| (마 찌앙) | (찌에 모어 찌앙) | (을라 찌앙 여우) | (하오 여우) | (쌰ᵃ오 카오 찌앙) | (쨔ᵃ오 쌰ᵃ오 쯔ʳ) | (타 타 찌앙) |
| 깨 소스 | 머스타드 소스 | 칠리소스 | 굴 소스 | 바비큐 소스 | 데리야키 소스 | 타르타르 소스 |

酱汁 : 소스

**jiàng zhī** 찌앙 쯔ʳ

蔬菜 : 야채
**shū cài** 쑤 차이

식자재 구매를 마쳤으니 요리 학원으로 가겠습니다. 저를 跟我来.

여기서 멀지 않은 곳에 교실이 있으니 좀 더 힘내세요!

헉..

헉..

고생하셨어요. 그럼 수업을 开始吧.

수북수북

그 전에, 여러분을 위해 围裙과 위생모를 준비했습니다. 하나씩 착용해 주세요.

네~!

여러분은 왜 요리를 배우려고 하시나요?

네? 그야 점심 때우려고...

퍽!

호호, 당연히 미래를 위해서죠~!

훌륭한 선택이에요. 요리는 자신을 위해서도, 가족을 위해서도 좋은 일이죠.

跟我来. : 따라와 주세요.
**gēn wǒ lái.** 껀 워 을라이.

开始吧. : 시작하죠.
**kāi shǐ bā.** 카이 스ㄹ빠.

围裙 : 앞치마
**wéi qún** 웨이 췬

결혼 전에 배워두면 배우자가 될 사람에게 어필할 수도 있고 말이에요.

요새는 요리도 결혼 스펙 중 하나로 보는 시선이 늘어 요리 교실도 활기를 띠고 있답니다.

하하, 네. 근데 수업은 언제…

그런 트렌드에 맞춰 우리 학원도…

저기! 요리할 때 쓰는 도구들은 어디에 있나요?

아, 벽 쪽에 있습니다.

음식을 집는 钳子는 왼쪽에,
국물을 뜰 때 쓰는 汤勺는 가운데,
부침을 뒤집는 锅铲은 오른쪽에 있습니다.

여러분은 베트남 음식에 대해 얼마나 알고 있나요?

이야기가 딴 길로 샜네요.

음…

쌀국수?

소나 닭으로 낸 국물에 쌀로 만든 면과 파와 숙주, 고수를 넣어 먹는 거요!

호호, 잘 알고 계시네요.

---

钳子 : 집게
qián zi 치엔 즈

汤勺 : 국자
tāng sháo 탕 샤오

锅铲 : 뒤집개
guō chǎn 꾸어 챤

베트남의 음식은
매우 다양합니다.
여러분이 잘 알고 있는
퍼(Pho), 그러니까 쌀국수만
있는 게 아닙니다.

밀과 米로
반죽해 만든 바게트에
다양한 재료를 넣어 먹는
베트남식 샌드위치,
바인미(Banh Mi).

쌀가루 반죽에
다양한 재료를 넣어
크레이프처럼 얇게 부친
베트남식 煎 요리,
바인쌔오(Banh Xeo).

라이스 페이퍼에
다양한 재료를 넣어
돌돌 만 다음 튀긴
베트남식 炸 요리,
넴쟌(Nem Ran).

고기, 또는 해산물을
국수와 함께 볶아 먹는
炒 국수, 미싸오(Mi Xao).

| 米 : 쌀 | 煎 : 부침 | 炸 : 튀김 | 炒 : 볶음 |
|---|---|---|---|
| **mǐ** 미 | **jiān** 찌엔 | **zhá** 쟈 | **chǎo** 챠오 |

쌀가루를 작은 접시에 담아 찐 다음, 고명을 얹어 특제소스와 함께 먹는 蒸 요리, 바인베오(banh beo).

다진 돼지고기를 꼬치에 꽂아 숯불에 구워 먹는 베트남식 돼지고기 꼬치 烤, 넴느엉(Nem Nuong).

노른자와 연유가 들어가 있어 달콤하고 부드러운 鸡蛋 커피, 카페쯩(Caphe Trung).

코코넛 주스, 또는 각종 소스를 뚝배기에 넣고 생선과 함께 조린 베트남식 생선 熬, 까코또(Ca kho to).

부화 직전의 오리알을 삶은 煮 요리, 쯩빗론(Trung Vit Lon).

| 蒸 : 찜 | 烤 : 구이 | 熬 : 조림 | 煮 : 삶음 |
|---|---|---|---|
| zhēng 쩡 | kǎo 카오 | áo 아오 | zhǔ 쥬 |

鸡蛋 : 계란
jī dàn 찌 딴

焯 : 데치다
zhuō 쮸'어

拌 : 무침
bàn 빤

大家 : 여러분
dà jiā 따 찌아

酸的 : 신맛의
**suān de** 쑤안 더

甜的 : 단맛의
**tián de** 티엔 더

辣的 : 매운맛의
**là de** 을라 더

咸的 : 짠맛의
**xián de** 시엔 더

苦的 : 쓴맛의
**kǔ de** 쿠 더

最差. : 최악이야.
zuì chà. 쮀이 챠`.

不好意思. : 저, 미안합니다.
bú hǎo yì si. 부 하오 이 스.

准备 : 준비하다
zhǔn bèi 준`뻬이

... 이게 뭐냐면,

벌들이 벌집 속에 모아 두는 달콤한 액체인 **蜂蜜** 알고 계시죠?

그것을 투명한 **瓶子**에 담고 식재를 넣어 오랫동안 푹 절인 것입니다.

한 마디로 벌꿀 절임인 거죠.

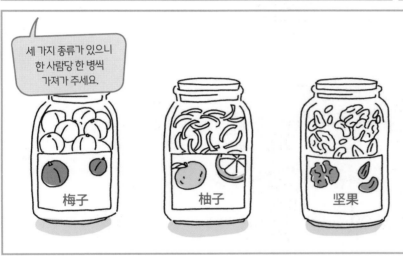

세 가지 종류가 있으니 한 사람당 한 병씩 가져가 주세요.

梅子

柚子

坚果

고맙습니다~!

그럼... 안녕히 계세요~!

후다닥

... 당신들만 나타나면 죄다 도망쳐버리네...

요리 **教室**... 그만둘까…?

토닥토닥

---

蜂蜜 : 벌꿀
**fēng mì** 펑'미

瓶子 : 병
**píng zi** 핑 즈

梅子 : 매실
**méi zi** 메이 즈

柚子 : 유자
**yòu zi** 여우즈

坚果 : 견과류
**jiān guǒ** 찌엔 구어

教室 : 교실
**jiào shì** 쨔오 쓰'

购物 : 쇼핑
**gòu wù** 꺼우 우

百货店 : 백화점
**bǎi huò diàn** 바이 후어 띠엔

化妆品 : 화장품
**huà zhuāng pǐn** 화 쮸'앙 핀

样品 : 샘플
**yàng pǐn** 양 핀

当然了 : 물론이죠.
**dāng rán le.** 땅 란 울러.

折扣 : 할인
**zhé kòu** 져' 커우

品目 : 품목
**pǐn mù** 핀 무

半价 : 반값
**bàn jià** 빤 찌아

询问处 : 안내데스크
**xún wèn chù** 쉰 원 츄

接待员 : 안내원
**jiē dài yuán** 찌에 따이 위엔

在 : 있다
**zài** 짜이

电动扶梯 : 에스컬레이터
**diàn dòng fú tī** 띠엔 똥 푸 티

购物袋 : 쇼핑백
**gòu wù dài** 꺼우 우 따이

购物中心 : 쇼핑센터
**gòu wù zhōng xīn** 꺼우 우 쭝ˊ 씬

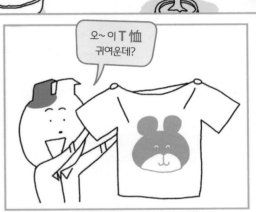

T恤 : 티셔츠
Txù T쉬

灰色 : 회색
**huī sè** 후이 써

白色 : 흰색
**bái sè** 바이 써

黑色 : 검은색
**hēi sè** 헤이 써

红色 : 빨간색
**hóng sè** 홍 써

橘色 : 주황색
**jú sè** 쥐 써

黄色 : 노란색
**huáng sè** 후앙 써

안정, 편안함, 따뜻함을 상징하는 棕色는
오래된 멋스러움을 연출할 때 좋지.

귀여움을 상징하는 粉红色는
사랑스러움을 연출하고 싶을 때 좋은 아이템이야.

품위, 고귀함을 상징하는 紫色는
상대방에게 고귀한 이미지를 주지만
동시에 우울감도 줄 수 있기 때문에 조심해야 해.

단정함, 모던함을 상징하는 藏青色는
무난한 느낌으로 사계절 내내 사랑받는 아이템이야.

지혜, 성실, 신뢰를 상징하는 蓝色는
면접을 보거나 비즈니스 관련 거래를 할 때 유용해.

평화, 안정, 자연을 상징하는 绿色는
상대방에게 심리적으로 평온함을 느끼게 해주는 녀석이야.

| 棕色 : 갈색 | 粉红色 : 분홍색 | 紫色 : 보라색 | 藏青色 : 남색 |
|---|---|---|---|
| zōng sè 쫑 써 | fěn hóng sè 펀 홍 써 | zǐ sè 즈 써 | zàng qīng sè 짱 칭 써 |
| 蓝色 : 파란색 | 绿色 : 초록색 | | |
| lán sè 을란 써 | lǜ sè 을뤼 써 | | |

| | | | |
|---|---|---|---|
| **分数** : 점수 <br> **fēn shù** 펀 쒸 | **裙子** : 치마 <br> **qún zi** 쿤 즈 | **女衬衣** : 블라우스 <br> **nǚ chèn yī** 뉘 쳔´이 | **项链** : 목걸이 <br> **xiàng liàn** 씨앙 올리엔 |
| **耳环** : 귀걸이 <br> **ěr huán** 얼 환 | **表** : 시계 <br> **biǎo** 뱌오 | | |

牛仔裤 : 청바지
**niú zǎi kù** 니우 자이 쿠

衬衫 : 셔츠
**chèn shān** 천˘ 샨˘

夹克 : 재킷
**jiā kè** 찌아 커

领巾 : 스카프
**lǐng jīn** 울링 찐

手镯 : 팔찌
**shǒu zhuó** 셔˘우 쥬˘어

| 感觉 : 감각 | 女性 : 여성 | 首饰 : 장신구 | 男性 : 남성 |
|---|---|---|---|
| gǎn jué 간 쥐에 | nǚ xìng 뉘 씽 | shǒu shi 셔'우 스' | nán xìng 난 씽 |

喝 : 마시다
hē 허

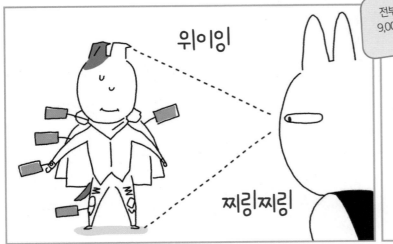

| | | | |
|---|---|---|---|
| 商店 : 상점 | 买 : 사다 | 多少钱? : 얼마입니까? | 总计 : 합계 |
| **shāng diàn** 쌍 띠엔 | **mǎi** 마이 | **duō shǎo qián?** 뚜어 샤오 치엔? | **zǒng jì** 종 찌 |

| | | |
|---|---|---|
| 苹果<br>píng guǒ<br>(핑 구어)<br>사과  | 西瓜<br>xī guā<br>(씨 꽈)<br>수박  | 梨<br>lí<br>(을리)<br>배  |
| 香蕉<br>xiāng jiāo<br>(씨앙 쨔오)<br>바나나  | 草莓<br>cǎo méi<br>(차오 메이)<br>딸기  | 桔子<br>jú zi<br>(쥐 즈)<br>귤  |
| 橙子<br>chéng zi<br>(쳥 r 즈)<br>오렌지  | 葡萄<br>pú táo<br>(푸 타오)<br>포도  | 西柚<br>xī yòu<br>(씨 여우)<br>자몽  |
| 凤梨<br>fèng lí<br>(펑f 을리)<br>파인애플  | 桃子<br>táo zi<br>(타오 즈)<br>복숭아  | 樱桃<br>yīng táo<br>(잉 타오)<br>체리  |
| 哈密瓜<br>hā mì guā<br>(하 미 꽈)<br>멜론  | 芒果<br>máng guǒ<br>(망 구어)<br>망고  | 柠檬<br>níng méng<br>(닝 멍)<br>레몬  |
| | 柿子<br>shì zi<br>(싸r 즈)<br>감  | |

混合 : 혼합
hùn hé 훈 허

少的 : 적은
shǎo de 샤오 더

更少的 : 더 적은
**gèng shǎo de** 껑 샤오 더

电风扇 : 선풍기
**diàn fēng shàn** 띠엔 펑 쌴

宽的 : 넓은
**kuān de** 콴 더

# 07 중국인의 성과 이름

중국과 우리는 이름 체계가 똑같습니다.

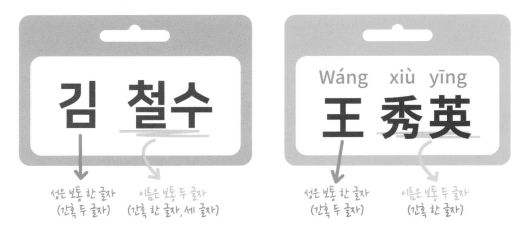

다만, 이름을 이용해 상대를 부르는 방법은 조금 다릅니다.
단계별로 격식 없는 표현부터 격식 있는 표현까지 배워보도록 하겠습니다.

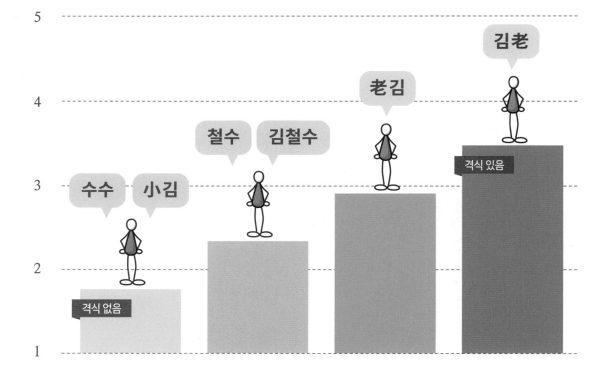

## 1 자녀, 조카에게

이름을 중첩하여 부릅니다. 외자일 경우 이름을 중첩하고, 두 자일 경우 두 번째 음절을 중첩합니다. 성인에게도 쓰이지만, 주로 부모가 자녀를, 손윗사람이 조카를 부를 때 쓰는 호칭입니다.

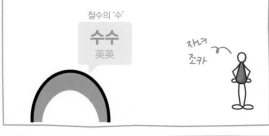

## 2 친밀한 직장 후배, 아랫사람에게

성이 단성일 경우 성 앞에 '작다'를 의미하는 小xiǎo 를 붙여 부릅니다. 만약 복성일 경우 '복성' 자체가 호칭이 되어 '남궁'이라 부릅니다. 직장 후배 혹은 아랫사람에게 친근감을 표현하는 호칭입니다.

## 3 편한 자리에서 친구에게

성을 생략하고 이름만 부릅니다.
서로에게 익숙한 학교 친구나 직장 동료, 배우자에게 친밀감을 표현하고자 할 때 사용하는 호칭입니다.
다만, 외자 이름은 이 호칭을 사용하지 않습니다.

## 4 공식적인 자리에서 친구에게

성과 이름을 함께 부릅니다.
형식에 제한이 따로 없어 음절 수와 상관없이 부릅니다. 학교나 공식적인 자리에서 사회적 관계가 있는 동년배, 학교 친구, 직장 동료들을 부를 때 사용하는 호칭입니다.

## 5 친밀한 직장 상사, 윗사람에게

성이 단성일 경우 성 앞에 '늙다'를 뜻하는 老lǎo 를 붙여 부릅니다. 복성일 경우 '복성' 자체가 호칭이 되어 '남궁'이라 부릅니다. 다만, 나이를 막론하고 여성에게는 일반적으로 老lǎo를 붙인 호칭을 사용하지 않습니다.

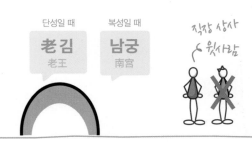

## 6 존경하는 지식인, 학자에게

성 뒤에 老lǎo를 붙여 부릅니다.
주로 인품이 뛰어난 사람이거나 한 분야에서 높은 평가를 받는 지식인, 예술가를 높여서 이르는 호칭입니다.

# 7장

열차는 사랑을 싣고

으아, 추워!
추워도 너무 추운 거 아냐!?
심지어 雪까지 내리고 있네!

그게, 누가 그런 薄的한 코트 입으래?

나처럼 이렇게 厚的한 패딩을 입어야지!

너무 그러지 마!
형은 겨울옷이 이 大衣 한 벌 뿐이란 말이야!

자랑이다...

술...
나에게 술을 줘...

으응?

러시아 사람들은 이럴 때 술로 몸을 따뜻하게 加热한다며…?

가장 즐겨 마시는 게 伏特加酒랬지, 아마…?
알코올 도수 40도의…

캬~
죽인다~!

… 그거 알아?

---

雪 : 눈
xuě 쉬에

薄的 : 얇은
báo de 바오 더

厚的 : 두꺼운
hòu de 허우 더

大衣 : 코트
dà yī 따 이

加热 : 데우다
jiā rè 찌아 러

伏特加酒 : 보드카
fú tè jiā jiǔ 푸ʳ터 찌아 지우

销售 : 판매
**xiāo shòu** 싸오 쎠'우

好可怕啊. : 무섭다.
**hǎo kě pà a.** 하오 커 파 아.

手套 : 장갑
**shǒu tào** 셔'우 타오

室外的 : 실외의
**shì wài de** 쓰`와이 더

温暖的 : 따뜻한
**wēn nuǎn de** 원 누안 더

车站 : 역, 정거장
**chē zhàn** 쳐`짠`

火车 : 열차
**huǒ chē** 후어 쳐`

---

票 : 표
**piào** 퍄오

長的 : 긴
**cháng de** 창˘더

首都 : 수도
**shǒu dū** 셔우˘ 뚜

室内的 : 실내의
**shì nèi de** 쓰˘네이 더

**룩스 객실 (일등석)**

2인 1실

개방된 삼등석과 달리 일, 이등석은 객실 형태야. 일등석의 장점은
뭐니 뭐니 해도 1 좌석 1 콘센트! 핸드폰 충전한다고 경쟁하지 않아도 되지~
짐을 둘 공간이 따로 있는 것도 장점이고. 다른 칸에서는 처음 보는
사람과 있는 경우가 많아서 짐 분실이 자주 생긴대.

**식당**

오전 9시부터 오후 11시까지 운영해. 2층 침대나 짐 때문에
바깥 보기 어려운 탑승 칸보다 탁 트인 창 덕분에 풍경을
구경하며 식사를 즐길 수 있는 장점이 있지!
가격이 좀 있다던데 여기까지 왔으면 한 번쯤 괜찮겠지?

괜히
일등석이 아니네~

응응!
이따 맛있는 거
먹으러 가자!

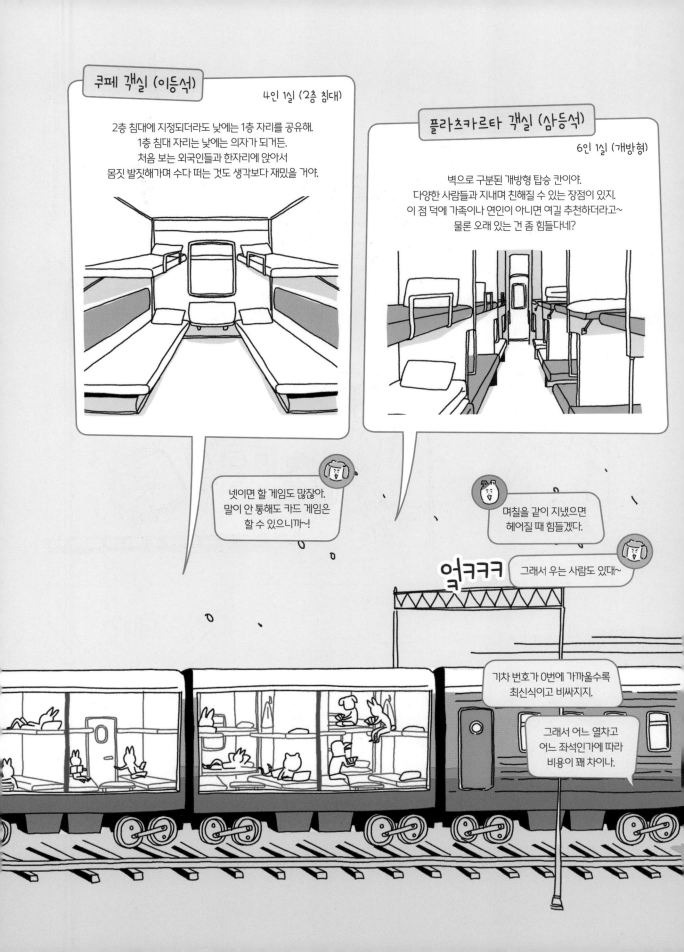

可能 : 아마도
kě néng 커 넝

放弃 : 그만두다
fàng qì 팡 치

그날 이후로 내 능력의 한계를 뼈저리게 感受到 했거든.

그날이라면…

헉, 설마 우리 탓은 아니겠지…?

… 사실 고향에 어려서부터 결혼을 약속한, 그러니까 订婚을 한 여인이 있단다.

그녀를 너무 기다리게 했어…

난 이제부터 다른 일을 찾아 열심히 일해서…

전셋집을 出租 해서 그녀와 평범하게 살려고 한다.

골머리 썩이는 시간은 그만 보내고 그녀와 좀 더 有益 한 시간을 보낼 거야…

진심이에요? 之前的 의 아저씨는 일이 잘 안 풀리더라도 어떻게든 해결하려 하는 열정이 있었는데!

타다다다단!

이대로 끝내기 아쉽지 않으세요? 그러니까 打起精神来!

· · · · · · · ·

| | |
|---|---|
| 感受到 : 느끼다<br>**gǎn shòu dào** 간 셔′우 따오 | 订婚 : 약혼<br>**dìng hūn** 띵 훈 |
| 之前的 : 이전의<br>**zhī qián de** 쯔′치엔 더 | 打起精神来! : 기운 내요!<br>**dǎ qǐ jīng shén lái!** 다 치′찡 션′을라이! |

| | |
|---|---|
| 出租 : 임대하다<br>**chū zū** 츄′쭈 | 有益 : 유익한<br>**yǒu yì** 여우 이 |

다음 역은 하바롭스크 입니다.

… 안 되겠다! 우리 下一站에 정차하면 내려서 술 마셔요!

야야…

진정해. 중도 하차하면 티켓 다시 사야 해!

지금 그게 중요해!?

중요하지, 인마! 티켓 한 장에 몇 루블인 줄 알아!?

얼만데?

그게 말이지…

소곤소곤

흐에에에에~?!

끼이익~

푸슈욱~

때마침 정차했나 보네!

아저씨, 짐 챙겨요! 우리 나가서 啤酒屋로 가요!

下一站 : 다음 역
**xià yí zhàn** 씨아 이 짠

啤酒屋 : 맥줏집
**pí jiǔ wū** 피 지우 우

들어가자마자 아저씬 生啤酒 20,000cc를 그대로 들이부으세요!

어떻게? 한방에 一口气喝!

캬~!!

전 병따개로 瓶装啤酒 따면서 천천히 마실게요!

··· 미안하지만 그럴 순 없단다···

아저씨...

휴,

역시 아저씨는 상식이 박혀있는 사람이라니깨!

난 맥주를 안 좋아한단다.

우당탕

멕시코 고유의 술인 독한 龙舌兰酒를 좋아해.

ㅋㅋㅋ-진작에-말씀하시지!! 그러면 맥줏집 말고 酒吧로 가요!

아저씬 데킬라!

난 스코틀랜드의 전통 증류주인 스카치 威士忌酒!

넌!?

나, 난 블랙 러시안 같은 鸡尾酒…?

---

| 生啤酒 : 생맥주 | 一口气喝! : 원샷! | 瓶装啤酒 : 병맥주 | 龙舌兰酒 : 테킬라 |
|---|---|---|---|
| **shēng pí jiǔ** 셩'피 지우 | **yī kǒu qì hē!** 이 커우 치 허! | **píng zhuāng pí jiǔ** 핑 쭈'앙 피 지우 | **lóng shé lán jiǔ** 울롱 셔'올란 지우 |

| 酒吧 : 술집 | 威士忌酒 : 위스키 | 鸡尾酒 : 칵테일 |
|---|---|---|
| **jiǔ bā** 지우 빠 | **wēi shì jì jiǔ** 웨이 쓰'찌 지우 | **jī wěi jiǔ** 찌 웨이 지우 |

没门! : 어림없는 소리!
**méi mén!** 메이 먼!

不要放弃. : 포기하지 마세요.
**bú yào fàng qì.** 부 야오 팡치.

春天 : 봄
**chūn tiān** 춘 티엔

下次再见. : 다시 만납시다.
**xià cì zài jiàn.** 씨아 츠 짜이 찌엔.

说 : 말하다
**shuō** 쓔'어

起来! : 일어나!
**qǐ lái!** 치 올라이!

日记 : 일기
rì jì 르찌

办公室 : 사무실
bàn gōng shì 빤 꽁 쓰

电子邮件 : 이메일
diàn zǐ yóu jiàn 띠엔 즈 여우 찌엔

复查 : 재검토하다
fù chá 푸ˊ챠ˊ

交易 : 거래하다
jiāo yì 쨔오 이

印章 : 도장
yìn zhāng 인 쨩

好的. : 잘했다.
hǎo de. 하오 더.

会议 : 회의
huì yì 후이 이

書店 : 서점
書 : 책
成功 : 성공
剪 : 자르다

shū diàn 쑤 띠엔
shū 쑤
chéng gōng 청ˇ꽁
jiǎn 지엔

朋友 : 친구
péng you 펑 여우

시끌벅적

아이고, 내가 너무 늦었나. 벌써 파티가 시작됐나 보네.

… 후후후, 그래도 이 회심의 礼物를 받으면 용서해주겠지?

띵동

조용~

우당탕! 탕탕!

아빠~

오홍홍, 내 새끼들~ 이리 온~

礼物 : 선물
lǐ wù 을리 우

快进来. : 어서 오세요.
**kuài jìn lái.** 콰이 찐 올라이.

我回来了. : 다녀왔습니다.
**wǒ huí lái le.** 워 후이 올라이 울러.

가나다순으로
빠르게 찾아보자!

# 가나다 사전

찾았다!
요놈~

| ㄱ | | | 감 | 柿子 shì zi (쓰 즈) |
|---|---|---|---|---|
| 가격 | 价格 jià gé (찌아 거) | | 감각 | 感觉 gǎn jué (간 쥐에) |
| 가구 | 家具 jiā ju (찌아 쥐) | | 감사하다 | 感谢 gǎn xiè (간 씨에) |
| 가까운 | 近的 jìn de (찐 더) | | 감자 | 土豆 tǔ dòu (투 떠우) |
| 가난한 | 穷的 qióng de (치옹 더) | | 감자튀김 | 薯条 shǔ tiáo (슈 탸오) |
| 가능하다 | 可以 kě y (커 이) | | 갑자기 | 突然 tū rán (투 란) |
| 가다 | 去 qù (취) | | 값싼 | 便宜的 pián yi de (피엔 이 더) |
| 가득 찬 | 装满的 zhuāng mǎn de (쮸앙 만 더) | | 강 | 河 hé (허) |
| 가르치다 | 教 jiāo (쨔오) | | 강력한 | 强大的 qiáng dà de (치앙 따 더) |
| 가리키다 | 指向 zhǐ xiàng (즈 씨앙) | | 강압적인 | 强制的 qiáng zhì de (치앙 쯔 더) |
| 가방 | 包 bāo (빠오) | | 강한 | 强壮的 qiáng zhuàng de (치앙 쮸앙 더) |
| 가벼운 | 轻的 qīng de (칭 더) | | 같은 | 一样的 yí yàng de (이 양 더) |
| 가수 | 歌手 gē shǒu (꺼 셔우) | | 개 | 狗 gǒu (거우) |
| 가스 | 气 qì (치) | | 개인의 | 个人的 gè rén de (꺼 런 더) |
| 가운데 | 中间 zhōng jiān (쫑 찌엔) | | 개인적으로 | 个人地 gè rén de (꺼 런 더) |
| 가을 | 秋天 qiū tiān (치우 티엔) | | 객실별 가격 | 房价 fáng jià (팡 찌아) |
| 가장 | 最 zuì (쮀이) | | 거기 | 那里 nà lǐ (나 울리) |
| 가져오다 | 拿来 ná lái (나 울라이) | | 거래하다 | 交易 jiāo yì (쨔오 이) |
| 가족 | 家人 jiā rén (지아 런) | | 거리 street | 街道 jiē dào (찌에 따오) |
| 가지고 가다 | 带走 dài zǒu (따이 저우) | | 거리 distance | 距离 jù lí (쮜 울리) |
| 가짜의 | 假的 jiǎ de (지아 더) | | 거스름돈 | 零钱 líng qián (울링 치이엔) |
| 가치 | 价值 jià zhí (찌아 즈) | | 거실 | 客厅 kè tīng (커 팅) |
| 간단한 | 简单的 jiǎn dān de (지엔 딴 더) | | 거울 | 镜子 jìng zi (찡 즈) |
| 간식 | 零食 líng shí (울링 스) | | 거의 | 几乎 jī hū (지 후) |
| 간장 | 酱油 jiàng yóu (찌앙 여우) | | 거짓 | 谎言 huǎng yán (후앙 옌) |
| 간호사 | 护士 hù shi (후 스) | | 거짓말쟁이 | 骗子 piàn zi (피엔 즈) |
| 갈색 | 棕色 zōng sè (쫑 써) | | 거짓말하다 | 说谎 shuō huǎng (쓔어 후앙) |

| | | | |
|---|---|---|---|
| 거행하다 | 举行 jǔ xíng (쥐 싱) | 경찰 | 警察 jǐng chá (징 챠') |
| 걱정스러운 | 担心的 dān xīn de (딴 씬 더) | 경찰서 | 警察局 jǐng chá jú (징 챠' 쮜) |
| 걱정하다 | 担心 dān xīn (딴 씬) | 계곡 | 山谷 shān gǔ (싼' 구) |
| 건강 | 健康 jiàn kāng (찌엔 캉) | 계단 | 楼梯 lóu tī (올러우 티) |
| 건강한 | 健康的 jiàn kāng de (찌엔 캉 더) | 계란 | 鸡蛋 jī dàn (찌 딴) |
| 건너다 | 过 guò (꾸어) | 계산서 | 账单 zhàng dān (짱' 딴) |
| 건배 | 干杯 gān bēi (깐 뻬이) | 계속하다 | 继续 jì xù (찌 쒸) |
| 건조한 | 干燥的 gān zào de (깐 짜오 더) | 계절 | 季节 jì jié (찌 지에) |
| 건설하다 | 建设 jiàn shè (찌엔 쎠') | 계좌 | 账户 zhàng hù (짱' 후) |
| 걷다 | 走 zǒu (저우) | 계획 | 计划 jì huà (찌 화) |
| 검색하다 | 搜索 sōu suǒ (써우 수어) | 고구마 | 地瓜 dì guā (띠 꽈) |
| 검은색 | 黑色 hēi sè (헤이 써) | 고기 | 肉 ròu (러우) |
| 겉만 익힘 | 一分熟的 yī fēn shú de (이 펀' 슈' 더) | 고르다 | 选 xuǎn (쉬엔) |
| 게다가 | 而且 ér qiě (얼 치에) | 고모 | 姑母 gū mǔ (꾸 무) |
| 게으른 | 懒惰的 lǎn duò de (올란 뚜어 더) | 고모부 | 姑夫 gū fu (꾸 푸') |
| 겨울 | 冬天 dōng tiān (똥 티엔) | 고속도로 | 高速公路 gāo sù gōng lù (까오 쑤 꽁 올루) |
| 견과류 | 坚果 jiān guǒ (찌엔 구어) | 고양이 | 猫 māo (마오) |
| 결과 | 结果 jié guǒ (찌에 구어) | 고정하다 | 固定 gù dìng (꾸 띵) |
| 결정 | 决定 jué dìng (쥐에 띵) | 고추기름 | 辣椒油 là jiāo yóu (올라 쨔오 여우) |
| 결혼 | 婚姻 hūn yīn (훈 인) | 고치다 | 修理 xiū lǐ (씨우 올리) |
| 결혼식 | 婚礼 hūn lǐ (훈 올리) | 고통 | 痛苦 tòng kǔ (통 쿠) |
| 결혼을 한 | 已婚的 yǐ hūn de (이 훈 더) | 고통스러운 | 痛苦的 tòng kǔ de (통 쿠 더) |
| 결혼하다 | 结婚 jié hūn (지에 훈) | 곧 | 马上 mǎ shàng (마 쌍') |
| 경고 | 警告 jǐng gào (징 까오) | 곧은 | 直的 zhí de (즈' 더) |
| 경우 | 情况 qíng kuàng (칭 쿠앙) | 골목길 | 小巷 xiǎo xiàng (샤오 씨앙) |
| 경이로운 | 令人惊讶的 lìng rén jīng yà de (올링 런 찡 야 더) | 골프 | 高尔夫球 gāo ěr fū qiú (까오 얼 푸' 치우) |
| 경험 | 经历 jīng lì (찡 올리) | 공간 | 空间 kōng jiān (콩 찌엔) |

| | | | |
|---|---|---|---|
| 공부 | 学习 xué xí (쉬에 시) | 국가의 | 国家的 guó jiā de (구어 찌아 더) |
| 공원 | 公园 gōng yuán (꽁 위엔) | 국내의 | 国内的 guó nèi de (구어 네이 더) |
| 공유하다 | 分享 fēn xiǎng (펀 시앙) | 국수 | 面条 miàn tiáo (미엔 탸오) |
| 공장 | 工厂 gōng chǎng (꽁 창) | 국자 | 汤勺 tāng sháo (탕 샤오) |
| 공정한 | 公正的 gōng zhèng de (꽁 쩡 더) | 국제적인 | 国际的 guó jì de (구어 찌 더) |
| 공지 | 告示 gào shi (까오 스) | 군인 | 军人 jūn rén (쮠 런) |
| 공책 | 笔记本 bǐ jì běn (비 찌 번) | 굴 소스 | 蚝油 háo yóu (하오 여우) |
| 공항 | 机场 jī chǎng (찌 창) | 권위적인 | 权威的 quán wēi de (취엔 웨이 더) |
| 과거 | 过去 guò qu (꾸어 취) | 권하다 | 建议 jiàn yì (찌엔 이) |
| 과일 | 水果 shuǐ guǒ (쉐이 구어) | 귀 | 耳朵 ěr duo (얼 두어) |
| 과자 | 饼干 bǐng gān (빙 깐) | 귀걸이 | 耳环 ěr huán (얼 환) |
| 과정 | 过程 guò chéng (꾸어 청) | 귀여운 | 可爱 kě ài (커 아이) |
| 과학 | 科学 kē xué (커 쉬에) | 규칙 | 规则 guī zé (꿰이 저) |
| 과학기술 | 科技 kē jì (커 찌) | 귤 | 桔子 jú zi (쥐 즈) |
| 관계 | 关系 guān xi (꽌 시) | 그 | 他 tā (타) |
| 관광 여행 | 观光旅行 guān guāng lǚ xíng (꽌 꾸앙 을뤼 싱) | 그 밖의 | 其他的 qí tā de (치 타 더) |
| 광장 | 广场 guǎng chǎng (구앙 창) | 그 전에 | 在那之前 zài nà zhī qián (짜이 나 쯔 치엔) |
| 교실 | 教室 jiào shì (쨔오 쓰) | 그 후에 | 在那之后 zài nà zhī hòu (짜이 나 쯔 허우) |
| 교통 | 交通 jiāo tōng (쨔오 통) | 그건 그렇고 | 反正 fǎn zhèng (판 쯔엉) |
| 교환하다 | 交换 jiāo huàn (쨔오 환) | 그것 | 那个 nà ge (나 거) |
| 구급차 | 救护车 jiù hù chē (찌우 후 쳐) | 그녀 | 她 tā (타) |
| 구름 | 云 yún (윈) | 그들 | 他们 tā men (타 먼) |
| 구성원 | 成员 chéng yuán (청 위엔) | 그때 | 当时 dāng shí (땅 스) |
| 구이 | 烤 kǎo (카오) | 그래서 | 所以 suǒ yǐ (수어 이) |
| 구체적인 | 详细的 xiáng xì de (시앙 씨 더) | 그러나 | 但是 dàn shì (딴 쓰) |
| 구하다 | 拯救 zhěng jiù (정 찌우) | 그런 | 那样 nà yàng (나 양) |
| 국가 | 国家 guó jiā (구어 찌아) | 그렇게 | 那么 nà me (나 머) |

| | | | | |
|---|---|---|---|---|
| 그렇다면 | 那么 nà me (나 머) | 긴 | 长的 cháng de (창ʳ 더) |
| 그림 | 画儿 huà er (화 얼) | 긴장을 풀다 | 放松 fàng sōng (팡ʳ 쏭) |
| 그만두다 | 放弃 fàng qì (팡ʳ 치) | 길 way | 路 lù (을루) |
| 그저께 | 前天 qián tiān (치엔 티엔) | 길 road | 道路 dào lù (따오 을루) |
| 그쪽 | 那儿 nàr (날ʳ) | 길을 잃은 | 迷路的 mí lù de (미 을루 더) |
| 극장 | 剧场 jù chǎng (쮜 창ʳ) | 깊게 | 深地 shēn de (쎤ʳ 더) |
| 금 | 金 jīn (찐) | 깊은 | 深的 shēn de (쎤ʳ 더) |
| 금고 | 保险箱 bǎo xiǎn xiāng (바오 시엔 씨앙) | 깜짝 놀란 | 惊讶的 jīng yà de (찡 야 더) |
| 금연의 | 禁烟的 jìn yān de (찐 옌 더) | 깨 소스 | 麻酱 má jiàng (마 찌앙) |
| 금요일 | 星期五 xīng qī wǔ (씽 치 우) | 깨끗한 | 干净的 gān jìng de (깐 찡 더) |
| 금융의 | 金融的 jīn róng de (찐 롱 더) | 깨닫다 | 意识到 yì shī dào (이 쓰ʳ 따오) |
| 급작스러운 | 突然的 tū rán de (투 란 더) | 깨뜨리다 | 打破 dǎ pò (다 포 어) |
| 급한 | 着急的 zháo jí de (쟈ʳ오 지 더) | 껴안다 | 拥抱 yōng bào (용 빠오) |
| 긍정적인 | 积极的 jī jí de (찌 지 더) | 꼭대기 | 顶端 dǐng duān (딩 뚜안) |
| 기계 | 机器 jī qì (찌 치) | 꿈 | 梦 mèng (멍) |
| 기내식 | 飞机餐 fēi jī cān (페ʳ이 찌 찬) | 끄다 | 关掉 guān diào (꽌 땨오) |
| 기념품 가게 | 纪念品商店 jì niàn pǐn shāng diàn (찌 니엔 핀 쌍ʳ 띠엔) | 끔찍한 | 可怕的 kě pà de (커 파 더) |
| 기념하다 | 纪念 jì niàn (찌 니엔) | 끌다 | 吸引 xī yǐn (씨 인) |
| 기능 | 功能 gōng néng (꽁 넝) | 끝 | 结束 jié shù (지에 쑤ʳ) |
| 기다리다 | 等 děng (덩) | 끝내다 | 完了 wán le (완 러) |
| 기대하다 | 期待 qī dài (치 따이) | **ㄴ** | |
| 기름 | 油 yóu (여우) | 나 | 我 wǒ (워) |
| 기쁨 | 愉快 yú kuài (위 콰이) | 나가다 | 出去 chū qù (츄ʳ 취) |
| 기술자 | 工程师 gōng chéng shī (꽁 청ʳ 쓰ʳ) | 나르다 | 搬运 bān yùn (빤 윈) |
| 기억 | 记住 jì zhu (찌이 쭈ʳ) | 나무 | 树 shù (쑤ʳ) |
| 기억하다 | 记得 jì de (찌 더) | 나쁜 | 坏的 huài de (화이 더) |
| 기회 | 机会 jī huì (찌 후이) | 나이 | 年龄 nián líng (니엔 을링) |

| | | | |
|---|---|---|---|
| 나중에 | 后来 hòu lái (허우 올라이) | 노트북 | 笔记本电脑 bǐ jì běn diàn nǎo (비 지 번 디엔 나오) |
| 날다 | 飞 fēi (페이) | 녹차 | 绿茶 lǜ chá (올뤼 챠) |
| 날씨 | 天气 tiān qì (티엔 치) | 놀라다 | 惊讶 jīng yà (찡 야) |
| 날짜 | 日期 rì qī (르 치) | 놀이 | 游戏 yóu xì (여우 씨) |
| 남색 | 藏青色 zàng qīng sè (짱 칭 써) | 농구 | 篮球 lán qiú (을란 치우) |
| 남성 | 男性 nán xìng (난 씽) | 농담 | 玩笑 wán xiào (완 쌰오) |
| 남자 | 男人 nán rén (난 런) | 농담하다 | 开玩笑 kāi wán xiào (카이 완 쌰오) |
| 남자 친구 | 男朋友 nán péng you (난 펑 여우) | 높은 | 高的 gāo de (까오 더) |
| 남자 형제 | 兄弟 xiōng dì (씨옹 띠) | 놓다 | 放 fàng (팡) |
| 남쪽 | 南 nán (난) | 놓치다 | 错过 cuò guò (추어 꾸어) |
| 남편 | 丈夫 zhàng fu (짱 푸) | 누구 | 谁 shéi (셰이) |
| 낮 | 白天 bái tiān (바이 티엔) | 누구든지 | 任何人 rèn hé rén (런 허 런) |
| 낮은 | 低的 dī de (띠 더) | 누군가 | 有人 yǒu rén (여우 런) |
| 낱말 | 单词 dān cí (딴 츠) | 눈 eye | 眼睛 yǎn jīng (옌 찡) |
| 내일 | 明天 míng tiān (밍 티엔) | 눈 snow | 雪 xuě (쉬에) |
| 냄새가 나다 | 有怪味 yǒu guài wèi (여우 꽈이 웨이) | 눕다 | 躺 tǎng (탕) |
| 냅킨 | 餐巾 cān jīn (찬 찐) | 뉴스 | 新闻 xīn wén (씬 원) |
| 냉장고 | 小冰箱 xiǎo bīng xiāng (샤오 삥 씨앙) | 느끼다 | 感到 gǎn dào (간 따오) |
| 너 | 你 nǐ (니) | 느리게 | 慢慢地 màn màn de (만 만 더) |
| 너무 | 太 tài (타이) | 느린 | 慢的 màn de (만 더) |
| 너희 | 你们 nǐ men (니 먼) | 늙은 | 老的 lǎo de (올라오 더) |
| 넓은 | 宽的 kuān de (콴 더) | 늦게 | 慢慢地 màn màn de (만 만 띠) |
| 넘기다 | 跳过 tiào guò (탸오 꾸어) | 늦은 | 晚的 wǎn de (완 더) |
| 넥타이 | 领带 lǐng dài (올링 따이) | **ㄷ** | |
| 노란색 | 黄色 huáng sè (후앙 써) | 다루다 | 操作 cāo zuò (차오 쭈어) |
| 노래 | 歌曲 gē qǔ (꺼 취) | 다르게 | 不同地 bù tóng de (뿌 통 더) |
| 노래하다 | 唱歌 chàng gē (창 꺼) | 다른 | 不一样的 bù yí yàng de (뿌 이 양 더) |

| 다리 leg | 腿 tuǐ (퉤이) | 대답하다 | 答复 dá fù (다 푸) |
|---|---|---|---|
| 다리 bridge | 桥 qiáo (챠오) | 대중 | 大众 dà zhòng (따 쫑) |
| 다른 사람 | 别人 bié rén (비에 런) | 대학 | 大学 dà xué (따 쉬에) |
| 다시 | 再 zài (짜이) | 대화 | 对话 duì huà (뛰이 화) |
| 다양한 | 多样的 duō yàng de (뚜어 양 더) | 더 | 更 gèng (껑) |
| 다음 역 | 下一站 xià yí zhàn (씨아 이 짠) | 더 낮은 | 更低的 gèng dī de (껑 띠 더) |
| 다음 주에 | 下周 xià zhōu (씨아 쪄우) | 더 높은 | 更高的 gèng gāo de (껑 까오 더) |
| 다음번에 | 下次 xià cì (씨아 츠) | 더 많은 | 更多的 gèng duō de (껑 뚜어 더) |
| 다이어트 | 减肥 jiǎn féi (지엔 페이) | 더 작은 | 更小的 gèng xiǎo de (껑 샤오 더) |
| 다치게 하다 | 伤人 shāng rén (쌍 런) | 더 적은 | 更少的 gèng shǎo de (껑 샤오 더) |
| 다투다 | 吵架 chǎo jià (챠오 지아) | 더 좋은 | 更好的 gèng hǎo de (껑 하오 더) |
| 단단한 | 坚硬的 jiān yìng de (찌엔 잉 더) | 더 큰 | 更大的 gèng dà de (껑 따 더) |
| 단맛의 | 甜的 tián de (티엔 더) | 더러운 | 脏的 zāng de (짱 더) |
| 단체 | 团体 tuán tǐ (투안 티) | 더블 샷 | 双份 shuāng fèn (쓔앙 펀) |
| 닫다 | 关 guān (꽌) | 더블 침대 | 双人床 shuāng rén chuáng (쓔앙 런 추앙) |
| 닫혀있는 | 关着的 guān zhe de (꽌 져 더) | 따뜻한 물 | 热水 rè shuǐ (러 쉐이) |
| 달 | 月亮 yuè liang (위에 량) | 더하다 | 加 jiā (찌아) |
| 달력 | 日历 rì lì (르을리) | 던지다 | 投 tóu (터우) |
| 달리다 | 跑 páo (파오) | 덮다 | 盖 gài (까이) |
| 닭고기 | 鸡肉 jī ròu (찌 러우) | 데리야키 소스 | 照烧汁 zhào shāo zhī (짜오 샤오 쯔) |
| 담배 | 香烟 xiāng yān (씨앙 옌) | 데우다 | 加热 jiā rè (찌아 러) |
| 담요 | 毛毯 máo tǎn (마오 탄) | 데이터 | 资料 zī liào (쯔 을랴오) |
| 답장하다 | 回信 huí xìn (후이 씬) | 데치다 | 焯 zhuō (쮸어) |
| 당근 | 胡萝卜 hú luó bo (후 을루어 보어) | 도발 | 挑动 tiǎo dòng (탸오 똥) |
| 당기다 | 拉 lā (을라) | 도서관 | 图书馆 tú shū guǎn (투 쓔 관) |
| 대기 | 等候 děng hòu (덩 허우) | 도시 | 城市 chéng shì (청 쓰) |
| 대답 | 回答 huí dá (후이 다) | 도어맨 | 门童 mén tóng (먼 통) |

| | | | |
|---|---|---|---|
| 도움 | 帮助 bāng zhù (빵 쮸) | 두드리다 | 敲 qiāo (챠오) |
| 도장 | 印章 yìn zhāng (인 짱) | 두리안 | 榴莲 liú lián (율리우 울리엔) |
| 도착 | 到达 dào dá (따오 다) | 둘 다 | 两个都 liǎng gè dōu (울리앙 꺼 떠우) |
| 독서 | 读书 dú shū (두 쓔) | 뒤 | 后 hòu (허우) |
| 돈 | 钱 qián (치엔) | 뒤로 | 向后 xiàng hòu (씨앙 허우) |
| 돈을 걸다 | 打赌 dǎ dǔ (다 두) | 뒤를 따르다 | 跟随 gēn suí (껀 쉬이) |
| 돈을 받다 | 收费 shōu fèi (쎠'우 페'이) | 뒤집개 | 锅铲 guō chǎn (꾸어 챤') |
| 돈을 벌다 | 赚 zhuàn (쮸'안) | 드디어 | 终于 zhōng yú (쭝' 위) |
| 돈을 쓰다 | 花钱 huā qián (화 치엔) | 듣다 | 听 tīng (팅) |
| 돌 | 石头 shí tou (스'터우) | 들어가다 | 进去 jìn qù (찐 취) |
| 돌다 | 转动 zhuǎn dòng (쮸'안 똥) | 등 | 背 bèi (뻬이) |
| 돕다 | 帮 bāng (빵) | 디자인 | 设计 shè jì (쎠'찌) |
| 동료 | 同事 tóng shì (퉁 쓰') | 디저트 | 甜品 tián pǐn (티엔 핀) |
| 동물 | 动物 dòng wù (똥 우) | 따뜻한 | 温暖的 wēn nuǎn de (원 누안 더) |
| 동의하다 | 同意 tóng yì (퉁 이) | 딱 | 正好 zhèng hǎo (쩡' 하오) |
| 동일하게 | 相同地 xiāng tóng de (씨앙 퉁 더) | 딸 | 女儿 nǚ ér (뉘 얼) |
| 동전 | 硬币 yìng bì (잉 삐) | 딸기 | 草莓 cǎo méi (차오 메이) |
| 동쪽 | 东 dōng (똥) | 땅 | 地 dì (띠) |
| 동화 | 童话 tóng huà (퉁 화) | 때때로 | 有时 yǒu shí (여우 스') |
| 돼지고기 | 猪肉 zhū ròu (쮸' 러우) | 때리다 | 打 dǎ (다) |
| 되다 | 成为 chéng wéi (청' 웨이) | 떠나다 | 离开 lí kāi (울리 카이) |
| 되돌아가다 | 返回 fǎn huí (판' 후이) | 떨어뜨리다 | 掉 diào (땨오) |
| 된장 | 豆酱 dòu jiàng (떠우 찌앙) | 떨어지다 | 落下 luò xià (울루어 씨아) |
| 두 배의 | 两倍的 liǎng bèi de (울리앙 뻬이 더) | 똑바로 | 直的 zhí de (즈'더) |
| 두 번 | 两次 liǎng cì (울리앙 츠) | 뜨거운 | 热的 rè de (러 더) |
| 두 사람 | 两个人 liǎng ge rén (울리앙 거 런) | **ㄹ** | |
| 두꺼운 | 厚的 hòu de (허우 더) | 라디오 | 收音机 shōu yīn jī (쎠'우 인 찌) |

| | | | |
|---|---|---|---|
| 라지 사이즈 | 大号 dà hào (따 하오) | 말하다 say | 说 shuō (쓔'어) |
| 레드와인 | 红葡萄酒 hóng pú táo jiǔ (홍 푸 타오 지우) | 말하다 talk | 谈 tán (탄) |
| 레몬 | 柠檬 níng méng (닝 멍) | 말하다 speak | 讲 jiǎng (지앙) |
| 룸메이트 | 室友 shì yǒu (쓰' 여우) | 맛 | 味道 wèi dào (웨이 따오) |
| 룸서비스 | 客房服务 kè fáng fú wù (커 팡' 푸' 우) | 맛보다 | 尝 cháng (창') |
| 리치 | 荔枝 lì zhī (울리 쯔') | 맛있는 | 好吃的 hǎo chī de (하오 츠' 더) |
| 리필 | 续杯 xù bēi (쉬 뻬이) | 망고 | 芒果 máng guǒ (망 구어) |
| ■ | | 망고스틴 | 山竹 shān zhú (싼' 쥬') |
| 마늘 | 蒜 suàn (쑤안) | 매번 | 每次 měi cì (메이 츠) |
| 마루 | 地板 dì bǎn (띠 반) | 매실 | 梅子 méi zi (메이 즈) |
| 마른 thin | 瘦的 shòu de (쎠'우 더) | 매우 exceptional | 非常 fēi cháng (페'이 창') |
| 마시다 | 喝 hē (허) | 매우 very | 很 hěn (헌) |
| 마약 | 毒品 dú pǐn (두 핀) | 매운맛의 | 辣的 là de (울라 더) |
| 마요네즈 | 蛋黄酱 dàn huáng jiàng (딴 후앙 찌앙) | 매일 | 每天 měi tiān (메이 티엔) |
| 마을 | 村庄 cūn zhuāng (춘 쮸'앙) | 매표소 | 售票处 shòu piào chù (쎠'우 퍄오 츄') |
| 마지막으로 | 最后 zuì hòu (쮀이 허우) | 맥주 | 啤酒 pí jiǔ (피 지우) |
| 마찬가지로 | 同样 tóng yàng (통 양) | 맥줏집 | 啤酒屋 pí jiǔ wū (피 지우 우) |
| 마카롱 | 马卡龙 mǎ kǎ lóng (마 카 울롱) | 머리 | 头 tóu (터우) |
| 막대 | 棒 bàng (빵) | 머리카락 | 头发 tóu fa (터우 파') |
| 만나다 | 见面 jiàn miàn (찌엔 미엔) | 머물다 | 停留 tíng liú (팅 울리우) |
| 만들다 | 做 zuò (쮜어) | 머스타드 소스 | 芥末酱 jiè mo jiàng (찌에 모어 찌앙) |
| 만족스러운 | 满意的 mǎn yì de (만 이 더) | 먹다 | 吃 chī (츠') |
| 만지다 | 触摸 chù mō (츄' 모 어) | 먼저 | 先 xiān (씨엔) |
| 많다 | 多 duō (뚜어) | 멀리 있는 | 远的 yuǎn de (위엔 더) |
| 많은 | 许多 xǔ duō (쉬 뚜어) | 멈추다 | 停止 tíng zhǐ (팅 즈') |
| 많이 | 多 duō (뚜어) | 메뉴 | 菜单 cài dān (차이 딴) |
| 말다툼하다 | 争论 zhēng lùn (쩡' 울룬) | 메모 | 笔记 bǐ jì (비 찌) |

| | | | |
|---|---|---|---|
| 메시지 | 信息 xìn xī (씬 씨) | 못생긴 | 丑的 chǒu de (쳐'우 더) |
| 멜론 | 哈密瓜 hā mì guā (하 미 꽈) | 무거운 | 重的 zhòng de (쫑' 더) |
| 면세점 | 免税店 miǎn shuì diàn (미엔 쒜'이 띠엔) | 무례한 | 无礼的 wú lǐ de (우 을리 더) |
| 면접 | 面试 miàn shì (미엔 쓰') | 무릎 | 膝盖 xī gài (씨 까이) |
| 명령하다 | 命令 mìng lìng (밍 을링) | 무서워하는 | 害怕的 hài pà de (하이 파 더) |
| 명예 | 荣誉 róng yù (롱 위) | 무선인터넷 | 无线网 wú xiàn wǎng (우 씨엔 왕) |
| 몇 번 number | 几号 jǐ hào (지 하오) | 무시하다 | 无视 wú shì (우 쓰') |
| 몇 번 time | 几遍 jǐ biàn (지 삐엔) | 무언가 | 某物 mǒu wù (모우 우) |
| 몇 회 | 几次 jǐ cì (지 츠) | 무엇 | 什么 shén me (션' 머) |
| 모닝콜 | 叫醒服务 jiào xǐng fú wù (쨔오 싱 푸'우) | 무침 | 拌 bàn (빤) |
| 모두 | 所有人 suǒ yǒu rén (수어 여우 런) | 문 door | 门 mén (먼) |
| 모든 것 | 一切 yí qiè (이 치에) | 문 gate | 登机口 dēng jī kǒu (떵 지 커우) |
| 모든 곳에 | 到处 dào chù (따오 츄') | 문서 | 文件 wén jiàn (원 찌엔) |
| 모레 | 后天 hòu tiān (허우 티엔) | 문자 메시지 | 短信 duǎn xìn (두안 씬) |
| 모르다 | 不知道 bù zhī dào (뿌 쯔'따오) | 문제 problem | 问题 wèn tí (원 티) |
| 모으다 | 收集 shōu jí (셔'우 지) | 문제 issue | 话题 huà tí (화 티) |
| 모자 | 帽子 mào zi (마오 즈) | 묻다 | 询问 xún wèn (쉰 원) |
| 모퉁이 | 角落 jiǎo luò (쨔오 을루어) | 물 | 水 shuǐ (쒜'이) |
| 목 | 脖子 bó zi (보어 즈) | 물론 | 当然 dāng rán (땅 란) |
| 목걸이 | 项链 xiàng liàn (씨앙 을리엔) | 뭐든지 | 任何东西 rèn hé dōng xi (런 허 똥 시) |
| 목록 | 目录 mù lù (무 을루) | 뮤지컬 | 音乐剧 yīn yuè jù (인 위에 쮜) |
| 목소리 | 嗓音 sǎng yīn (상 인) | 미디엄 사이즈 | 中号 zhōng hào (쭁' 하오) |
| 목요일 | 星期四 xīng qī sì (씽 치 쓰) | 미래 | 未来 wèi lái (웨이 을라이) |
| 목적지 | 目的地 mù dì dì (무 띠 띠) | 미소 짓다 | 微笑 wēi xiào (웨이 쌰오) |
| 목 타다 | 渴 kě (커) | 미술관 | 美术馆 měi shù guǎn (메이 쓔' 관) |
| 목표 | 目标 mù biāo (무 뺘오) | 미안한 | 遗憾的 yí hàn de (이 한 더) |
| 몸 | 身体 shēn tǐ (션' 티) | 미워하다 | 讨厌 tǎo yàn (타오 옌) |

| 미친 | 疯狂的 fēng kuáng de (펑ˊ 쿠앙 더) | 반복하다 | 重复 chóng fù (총ˊ 푸) |
|---|---|---|---|
| 믿다 | 相信 xiāng xìn (씨앙 씬) | 반지 | 戒指 jiè zhi (찌에 즈ˇ) |
| 밀다 | 推 tuī (퉈이) | 받다 | 收到 shōu dào (셔ˊ우 따오) |
| **ㅂ** | | 받아들이다 | 接受 jiē shòu (찌에 셔ˊ우) |
| 바 bar | 吧台 bā tái (빠 타이) | 발 | 脚 jiǎo (쟈오) |
| 바깥 | 外面 wài miàn (와이 미엔) | 발가락 | 脚趾 jiǎo zhǐ (쟈오 즈ˇ) |
| 바깥쪽 | 外边 wài biān (와이 삐엔) | 발생하다 | 发生 fā shēng (파ˊ 셩) |
| 바꾸다 | 换 huàn (환) | 밝은 | 明亮的 míng liàng de (밍 울리앙 더) |
| 바나나 | 香蕉 xiāng jiāo (씨앙 쨔오) | 밤에 | 晚上 wǎn shang (완 샹ˊ) |
| 바닐라 라테 | 香草拿铁 xiāng cǎo ná tiě (씨앙 차오 나 티에) | 방 | 房间 fáng jiān (팡ˊ 찌엔) |
| 바다 | 海 hǎi (하이) | 방 번호 | 房号 fáng hào (팡ˊ 하오) |
| 바닥 | 底部 dǐ bù (디 뿌) | 방문객 | 访问者 fǎng wèn zhě (팡ˇ 원 져ˇ) |
| 바라다 | 希望 xī wàng (씨 왕) | 방문하다 | 访问 fǎng wèn (팡ˇ 원) |
| 바라보다 | 看 kàn (칸) | 방향 | 方向 fāng xiàng (팡ˊ 씨앙) |
| 바람 | 风 fēng (펑ˊ) | 배 stomach | 肚子 dù zi (뚜 즈) |
| 바람 부는 | 刮风的 guā fēng de (꽈 펑ˊ 더) | 배 boat | 船 chuán (추ˊ안) |
| 바보 | 傻瓜 shǎ guā (샤ˇ 꽈) | 배 pear | 梨 lí (울리) |
| 바비큐 소스 | 烧烤酱 shāo kǎo jiàng (쌰오 카오 찌앙) | 배구 | 排球 pái qiú (파이 치우) |
| 바쁜 | 繁忙的 fán máng de (판ˊ 망ˊ 더) | 백팩 | 背包 bèi bāo (뻬이 빠오) |
| 바지 | 裤子 kù zi (쿠 즈) | 배달하다 | 运送 yùn sòng (윈 쏭) |
| 바퀴 | 轮子 lún zi (울룬 즈) | 배우 | 演员 yǎn yuán (옌 위엔) |
| 박물관 | 博物馆 bó wù guǎn (보 우 관) | 배우다 | 学习 xué xí (쉬에 시) |
| 밖 | 外边 wài biān (와이 삐엔) | 배터리 | 电池 diàn chí (띠엔 츠ˊ) |
| 반값 | 半价 bàn jià (빤 찌아) | 백화점 | 百货店 bǎi huò diàn (바이 후어 띠엔) |
| 반납하다 | 归还 guī huán (꿔이 환) | 버섯 | 蘑菇 mó gu (모어 구) |
| 반대쪽의 | 对面的 duì miàn de (뛰이 미엔 더) | 버스 | 公交车 gōng jiāo chē (꽁 쨔오 쳐) |
| 반바지 | 短裤 duǎn kù (두안 쿠) | 버스 정류장 | 公交车站 gōng jiāo chē zhàn (꽁 쨔오 쳐 ˊ짠) |

| | | | | |
|---|---|---|---|
| 버튼 | 按钮 àn niǔ (안 니우) | 볶음 | 炒 chǎo (챠ʳ오) |
| 번역가 | 译者 yì zhě (이 져ʳ) | 본문 | 本文 běn wén (번 원) |
| 번화가 | 市中心 shì zhōng xīn (쓰ʳ쭝ʳ 씬) | 봄 | 春天 chūn tiān (춘ʳ 티엔) |
| 벌꿀 | 蜂蜜 fēng mì (펑ʳ 미) | 봉사 | 服务 fú wù (푸ʳ 우) |
| 벌레 | 昆虫 kūn chóng (쿤 총ʳ) | 봉사료 | 服务费 fú wù fèi (푸ʳ 우 페이) |
| 법 | 法律 fǎ lǜ (파ʳ 을뤼) | 부드러운 | 温柔的 wēn róu de (원 러우 더) |
| 벗다 | 脱 tuō (투어) | 부드럽게 | 温柔地 wēn róu de (원 러우 더) |
| 베개 | 枕头 zhěn tou (전ʳ 터우) | 부르다 | 叫 jiào (쨔오) |
| 벤치 | 长椅 cháng yǐ (창ʳ 이) | 부모님 | 父母 fù mǔ (푸ʳ 무) |
| 벼룩시장 | 跳蚤市场 tiào zao shì chǎng (탸오 자오 쓰ʳ 창ʳ) | 부엌 | 厨房 chú fáng (츄ʳ 팡ʳ) |
| 벽 | 墙 qiáng (치앙) | 부유하다 | 富裕 fù yù (푸ʳ 위) |
| 변명 | 借口 jiè kǒu (찌에 커우) | 부인 | 妻子 qī zi (치 즈) |
| 병 | 瓶子 píng zi (핑 즈) | 부정적인 | 消极的 xiāo jí de (쌰오 지 더) |
| 병맥주 | 瓶装啤酒 píng zhuāng pí jiǔ (핑 쮸ʳ앙 피 지우) | 부족한 | 不足的 bù zú de (뿌 주 더) |
| 병원 | 医院 yī yuàn (이 위엔) | 부지런한 | 诚实的 chéng shí de (청ʳ 스ʳ 더) |
| 보기 | 例子 lì zi (올리 즈) | 부침 | 煎 jiān (찌엔) |
| 보내다 | 发出 fā chū (파ʳ 츄ʳ) | 북쪽 | 北 běi (베이) |
| 보다 | 看见 kàn jiàn (칸 찌엔) | 분 | 分 fēn (펀ʳ) |
| 보드카 | 伏特加酒 fú tè jiā jiǔ (푸ʳ 터 찌아 지우) | 분명하게 | 明确地 míng què de (밍 취에 더) |
| 보라색 | 紫色 zǐ sè (즈 써) | 분명한 | 明确的 míng què de (밍 취에 더) |
| 보여주다 | 展示 zhǎn shì (잔ʳ 쓰ʳ) | 분홍색 | 粉红色 fěn hóng sè (펀ʳ 홍 써) |
| 보통 usually | 普通 pǔ tōng (푸 통) | 불 | 火 huǒ (후어) |
| 보통 normal | 通常 tōng cháng (통 창ʳ) | 불가능하다 | 不可能 bù kě néng (뿌 커 넝) |
| 보통의 | 一般的 yì bān de (이 빤 더) | 불공평한 | 不公平的 bù gōng píng de (뿌 꽁 핑 더) |
| 복도 석 | 靠道座位 kào dào zuò wèi (카오 따오 쭈어 웨이) | 불다 | 吹 chuī (춰ʳ이) |
| 복숭아 | 桃子 táo zi (타오 즈) | 불량한 | 不良 bù liáng (뿌 울리앙) |
| 복잡한 | 复杂的 fù zá de (푸ʳ 자 더) | 불법적인 | 违法的 wéi fǎ de (웨이 파ʳ 더) |

| | | | | |
|---|---|---|---|---|
| 불안한 | 不安的 bù ān de (뿌 안 더) | | 사고 | 事故 shì gù (쓰ˇ 꾸) |
| 불타다 | 燃烧 rán shāo (란 싸오) | | 사과 | 苹果 píng guǒ (핑 구어) |
| 불편한 | 不方便的 bù fāng biàn de (뿌 팡ˉ 삐엔 더) | | 사과하다 | 道歉 dào qiàn (따오 치엔) |
| 불행하게 | 不幸地 bú xìng de (부 씽 더) | | 사다 | 买 mǎi (마이) |
| 브라우니 | 布朗尼 bù lǎng ní (뿌 을랑 니) | | 사람 | 人 rén (런) |
| 블라우스 | 女衬衣 nǔ chèn yī (뉘 천ˇ 이) | | 사랑스러운 | 可爱的 kě ài de (커 아이 더) |
| 비 | 雨 yǔ (위) | | 사랑하다 | 爱 ài (아이) |
| 비가 오는 | 下雨的 xià yǔ de (씨아 위 더) | | 사막 | 沙漠 shā mò (싸ˉ 모 어) |
| 비누 | 肥皂 féi zào (페이 짜오) | | 사무실 | 办公室 bàn gōng shì (빤 꽁 쓰ˇ) |
| 비밀 | 秘密 mì mì (미 미) | | 사본 | 复印本 fù yìn běn (푸ˇ 인 번) |
| 비밀번호 | 密码 mì mǎ (미 마) | | 사실 | 事实 shì shí (쓰ˇ 스ˊ) |
| 비상사태 | 紧急情况 jǐn jí qíng kuàng (진 지 칭 쿠앙) | | 사실인 | 真正的 zhēn zhèng de (쩐 쩡ˇ 더) |
| 비서 | 秘书 mì shū (미 쑤ˉ) | | 사안 | 案件 àn jiàn (안 찌엔) |
| 비슷한 | 差不多的 chà bu duō de (챠ˉ 부 뚜어 더) | | 사업 | 生意 shēng yi (썽ˉ 이) |
| 비싼 | 贵的 guì de (꿔이 더) | | 사용료 | 使用费 shǐ yòng fèi (스ˇ 용 페이) |
| 비행 | 飞行 fēi xíng (페이 싱) | | 사용하다 | 使用 shǐ yòng (스ˇ 용) |
| 비행기 | 飞机 fēi jī (페이 찌) | | 사적인 | 私人的 sī rén de (쓰 런 더) |
| 빌딩 | 大厦 dà shà (따ˇ 샤) | | 사전 | 词典 cí diǎn (츠 디엔) |
| 빌리다 | 借 jiè (찌에) | | 사증 | 签证 qiān zhèng (치엔 쩡) |
| 빗 | 梳子 shū zi (쓔ˉ 즈) | | 사진 | 照片 zhào piàn (쨔ˇ오 피엔) |
| 빠르게 | 快速地 kuài sù de (콰이 수 더) | | 사진기 | 照相机 zhào xiàng jī (쨔ˇ오 씨앙 찌) |
| 빠른 | 快 kuài (콰이) | | 사진을 찍다 | 拍照 pāi zhào (파이 쨔오) |
| 빨간색 | 红色 hóng sè (홍 써) | | 사촌여동생 | 堂妹 táng mèi (탕 메이) |
| 빨래하다 | 洗衣服 xǐ yī fu (시 이 푸ˇ) | | 사탕 | 糖果 táng guǒ (탕 구어) |
| 빵 | 面包 miàn bāo (미엔 빠오) | | 산 | 山 shān (쌴ˉ) |
| **ㅅ** | | | 살다 | 生存 shēng cún (썽ˉ 춘) |
| 사건 | 事件 shì jiàn (쓰ˇ 찌엔) | | 살아남다 | 幸存 xìng cún (씽 춘) |

| | | | |
|---|---|---|---|
| 살아있는 | 活的 huó de (후어 더) | 서다 | 站 zhàn (짠 ̌) |
| 살짝 익힘 | 三分熟的 sān fēn shú de (싼 펀ˊ 슈ˊ 더) | 서둘러서 | 迅速地 xùn sù de (쒼 수 더) |
| 살찐 | 胖的 pàng de (팡 더) | 서점 | 书店 shū diàn (쓔 ̌ 띠엔) |
| 삶음 | 煮 zhǔ (쥬 ̌) | 서쪽 | 西 xī (씨) |
| 상관 | 上司 shàng si (샹ˊ 쓰) | 선 | 线 xiàn (씨엔) |
| 상관하다 | 关心 guān xīn (꽌 씬) | 선글라스 | 墨镜 mò jìng (모 찡) |
| 상상하다 | 想象 xiǎng xiàng (시앙 씨앙) | 선량한 | 善良 shàn liáng (싼ˊ ˋ리앙) |
| 상의하다 | 商量 shāng liang (쌍ˊ ˋ리앙) | 선물 | 礼物 lǐ wù (ˋ리 우) |
| 상자 | 箱子 xiāng zi (씨앙 즈) | 선생님 | 老师 lǎo shī (ˋ라오 쓰ˊ) |
| 상점 | 商店 shāng diàn (쌍ˊ 띠엔) | 선택 | 选择 xuǎn zé (쉬엔 저) |
| 상태 | 状态 zhuàng tài (쮸앙 타이) | 선풍기 | 电风扇 diàn fēng shàn (띠엔 펑ˊ 싼ˊ) |
| 상태가 좋은 | 好的 hǎo de (하오 더) | 선호하다 | 喜欢 xǐ huan (시 환) |
| 상황 | 情况 qíng kuàng (칭 쿠앙) | 설거지하다 | 洗碗 xǐ wǎn (시 완) |
| 새 | 鸟 niǎo (냐오) | 설명하다 | 说明 shuō míng (쓔ˊ어 밍) |
| 새로운 | 新的 xīn de (씬 더) | 설탕 | 砂糖 shā táng (싸ˊ 탕) |
| 색깔 | 颜色 yán sè (옌 써) | 성공 | 成功 chéng gōng (청ˊ 꽁) |
| 샌드위치 | 三明治 sān míng zhì (싼 밍 쯔) | 성급한 | 着急的 zháo jí de (쟈ˊ오 지 더) |
| 샐러드 | 沙拉 shā lā (싸ˊ ˋ라) | 성실한 | 勤奋的 qín fèn de (친 펀ˊ 더) |
| 샘플 | 样品 yàng pǐn (양 핀) | 성장하다 | 成长 chéng zhǎng (청 쟝ˊ) |
| 생 | 生 shēng (쎵ˊ) | 세 번 | 三次 sān cì (싼 츠) |
| 생각 | 想法 xiǎng fǎ (시앙 파ˋ) | 세계 | 世界 shì jiè (쓰ˊ 찌에) |
| 생각하다 | 想 xiǎng (시앙) | 세금 | 税 shuì (쒜ˋ이) |
| 생맥주 | 生啤酒 shēng pí jiǔ (쎵ˊ 피 지우) | 세다 | 数 shǔ (슈) |
| 생산하다 | 生产 shēng chǎn (쎵ˊ 찬ˊ) | 세탁물 | 洗涤物 xǐ dí wù (시 디 우) |
| 생선 | 鱼 yú (위) | 셔츠 | 衬衫 chèn shān (천ˊ 싼ˊ) |
| 생일 | 生日 shēng rì (쎵ˊ 르) | 소개하다 | 介绍 jiè shào (찌에 싸ˋ오) |
| 샤워하다 | 洗澡 xǐ zǎo (시 자오) | 소고기 | 牛肉 niú ròu (니우 러우) |

| | | | | |
|---|---|---|---|---|
| 소금 | 盐 yán (옌) | 쇼핑백 | 购物袋 gòu wù dài (꺼우 우 따이) |
| 소녀 | 女孩 nǚ hái (뉘 하이) | 쇼핑센터 | 购物中心 gòu wù zhōng xīn (꺼우 우 쭝 씬) |
| 소년 | 男孩 nán hái (난 하이) | 수건 | 毛巾 máo jīn (마오 찐) |
| 소란스럽게 | 吵闹地 chǎo nào de (챠오 나오 더) | 수도 | 首都 shǒu dū (셔우 뚜) |
| 소리 | 声音 shēng yīn (썽 인) | 수박 | 西瓜 xī guā (씨 꽈) |
| 소리가 큰 | 大声的 dà shēng de (따 썽 더) | 수업 | 上课 shàng kè (쌍 커) |
| 소방관 | 消防员 xiāo fáng yuán (샤오 팡 위엔) | 수영장 | 游泳池 yóu yǒng chí (여우 용 츠) |
| 소방서 | 消防局 xiāo fáng jú (샤오 팡 쥐) | 수영하다 | 游泳 yóu yǒng (여우 용) |
| 소설 | 小说 xiǎo shuō (샤오 쓔어) | 수요일 | 星期三 xīng qī sān (씽 치 싼) |
| 소스 | 酱汁 jiàng zhī (찌앙 쯔) | 수준 | 水平 shuǐ píng (쉐이 핑) |
| 소유하다 | 有 yǒu (여우) | 수줍어하는 | 害羞的 hài xiū de (하이 씨우 더) |
| 소원 | 愿望 yuàn wàng (위엔 왕) | 수치심 | 羞耻 xiū chǐ (씨우 츠) |
| 소음 | 噪音 zào yīn (짜오 인) | 수프 | 汤 tāng (탕) |
| 소파 | 沙发 shā fā (싸 파) | 수하물 | 行李 xíng li (싱 을리) |
| 소홀히 하다 | 忽视 hū shì (후 쓰) | 숙제 | 作业 zuò yè (쭈어 예) |
| 속력 | 速度 sù dù (쑤 뚜) | 순간 | 瞬间 shùn jiān (쓘 찌엔) |
| 속상하다 | 伤心 shāng xīn (썅 씬) | 숟가락 | 匙子 chí zi (츠 즈) |
| 손 | 手 shǒu (셔우) | 술 | 酒 jiǔ (지우) |
| 손가락 | 手指 shǒu zhǐ (셔우 즈) | 술집 | 酒吧 jiǔ bā (지우 빠) |
| 손가방 | 手提包 shǒu tí bāo (셔우 티 빠오) | 숨겨진 | 隐藏的 yǐn cáng de (인 창 더) |
| 손녀 | 孙女 sūn nǚ (쑨 뉘) | 숨기다 | 隐藏 yǐn cáng (인 창) |
| 손님 | 客人 kè rén (커 런) | 숫자 | 数字 shù zì (쓔 쯔) |
| 손수건 | 手巾 shǒu jīn (셔우 찐) | 숲 | 森林 sēn lín (썬 을린) |
| 손수레 | 手推车 shǒu tuī chē (셔우 퉤이 쳐) | 쉬다 | 休息 xiū xi (씨우 시) |
| 손해 | 损失 sǔn shī (쑨 쓰) | 쉬운 | 容易的 róng yì de (롱 이 더) |
| 쇼 | 表演 biǎo yǎn (뱌오 옌) | 쉽게 | 容易地 róng yì de (롱 이 더) |
| 쇼핑 | 购物 gòu wù (꺼우 우) | 슈퍼마켓 | 超市 chāo shì (챠오 쓰) |

| | | | |
|---|---|---|---|
| 스몰 사이즈 | 小号 xiǎo hào (샤오 하오) | 신문 | 报纸 bào zhǐ (빠오 즈ʳ) |
| 스위치 | 开关 kāi guān (카이 꽌) | 신문기사 | 报道 bào dào (빠오 따오) |
| 스카프 | 领巾 lǐng jīn (올링 찐) | 신발 | 鞋子 xié zi (시에 즈) |
| 스테이크 | 牛排 niú pái (니우 파이) | 신선한 | 新鲜的 xīn xiān de (씬 씨엔 더) |
| 슬픈 | 悲哀的 bēi āi de (뻬이 아이 더) | 신이 난 | 兴奋的 xīng fèn de (씽 펀ʳ더) |
| 습관 | 习惯 xí guàn (시 꽌) | 신호 | 信号 xìn hào (씬 하오) |
| 승객 | 乘客 chéng kè (청ʳ 커) | 신호등 | 红绿灯 hóng lǜ dēng (홍 울뤼 떵) |
| 시 poem | 诗 shī (쓰ʳ) | 실내의 | 室内的 shì nèi de (쓰ʳ 네이 더) |
| 시 time | 点 diǎn (디엔) | 실수 | 失误 shī wù (쓰ʳ 우) |
| 시간 | 时间 shí jiān (스ʳ 찌엔) | 실외의 | 室外的 shì wài de (쓰ʳ 와이 더) |
| 시간표 | 时间表 shí jiān biǎo (스ʳ 찌엔 바오) | 실제로 | 实际上 shí jì shang (스ʳ 찌 샹ʳ) |
| 시계 | 表 biǎo (뱌오) | 실패 | 失败 shī bài (쓰ʳ 빠이) |
| 시골 | 乡下 xiāng xià (씨앙 씨아) | 심각한 | 严重的 yán zhòng de (옌 쫑ʳ 더) |
| 시나몬 파우더 | 肉桂粉 ròu guì fěn (러우 꿰이 펀ʳ) | 심장 | 心脏 xīn zàng (씬 찡) |
| 시도하다 | 试图 shì tú (쓰ʳ 투) | 싱글 침대 | 单人床 dān rén chuáng (딴 런 추ʳ앙) |
| 시럽 | 糖浆 táng jiāng (탕 찌앙) | 싸우다 | 打架 dǎ jià (다 찌아) |
| 시원시원한 | 凉爽的 liáng shuǎng de (울리앙 슈ʳ앙 더) | 쌀 | 米 mǐ (미) |
| 시작 | 开始 kāi shǐ (카이 스ʳ) | 쓰다 write | 写 xiě (시에) |
| 시장 | 市场 shì chǎng (쓰ʳ 챵ʳ) | 쓰다 use | 花 huā (화) |
| 시합 | 比赛 bǐ sài (비 싸이) | 쓴맛의 | 苦的 kǔ de (쿠 더) |
| 시험 | 考试 kǎo shì (카오 쓰ʳ) | 씻다 | 洗 xǐ (시) |
| 식당 | 餐厅 cān tīng (찬 팅) | ⊙ | |
| 식사 | 吃饭 chī fàn (츠ʳ 판ʳ) | 아기 | 婴儿 yīng ér (잉 얼) |
| 식초 | 醋 cù (추) | 아끼다 | 节省 jié shěng (지에 셩ʳ) |
| 신 | 神 shén (션ʳ) | 아들 | 儿子 ér zi (얼 즈) |
| 신뢰하다 | 信赖 xìn lài (씬 울라이) | 아래로 | 向下 xiàng xià (씨앙 씨아) |
| 신맛의 | 酸的 suān de (쑤안 더) | 아래층 | 楼下 lóu xià (울러우 씨아) |

| | | | | |
|---|---|---|---|---|
| 아름다운 | 美丽的 měi lì de (메이 울리 더) | | 안쪽 | 里面 lǐ miàn (울리 미엔) |
| 아마 | 恐怕 kǒng pà (콩 파) | | 안부 | 问候 wèn hòu (원 허우) |
| 아마도 | 可能 kě néng (커 넝) | | 앉다 | 坐 zuò (쭈어) |
| 아메리카노 | 美式咖啡 měi shì kā fēi (메이 쓰ˊ 카 페이) | | 알다 | 知道 zhī dào (쯔ˊ 따오) |
| 아무쪼록 | 总之 zǒng zhī (종 쯔ˊ) | | 알람 | 闹钟 nào zhōng (나오 쭝ˊ) |
| 아보카도 | 牛油果 niú yóu guǒ (니우 여우 구어) | | 앞 | 前 qián (치엔) |
| 아빠 | 爸爸 bà ba (빠 바) | | 앞으로 | 向前 xiàng qián (씨앙 치엔) |
| 아이 | 小孩 xiǎo hái (샤오 하이) | | 앞치마 | 围裙 wéi qún (웨이 췬) |
| 아이스크림 | 冰淇淋 bīng qí lín (삥 치 울린) | | 야구 | 棒球 bàng qiú (빵 치우) |
| 아주 멋진 | 美妙的 měi miào de (메이 먀오 더) | | 야채 | 蔬菜 shū cài (쓔ˊ 차이) |
| 아주 작은 | 极小的 jí xiǎo de (지 샤오 더) | | 약 | 药 yào (야오) |
| 아직 | 还 hái (하이) | | 약간의 | 有点 yǒu diǎn (여우 디엔) |
| 아침 | 早上 zǎo shang (자오 샹ˊ) | | 약국 | 药房 yào fáng (야오 팡ˊ) |
| 아침 식사 | 早餐 zǎo cān (자오 찬) | | 약속 | 约定 yuē dìng (위에 띵) |
| 아침에 | 在早上 zài zǎo shàng (짜이 자오 쌍ˊ) | | 약속하다 | 承诺 chéng nuò (처엉 누어) |
| 아파트 | 公寓 gōng yù (꽁 위) | | 약한 | 柔弱的 róu ruò de (러우 루어 더) |
| 아픈 | 疼的 téng de (텅 더) | | 약혼 | 订婚 dìng hūn (띵 훈) |
| 악취 | 臭味 chòu wèi (처우 웨이) | | 얇은 | 薄的 báo de (바오 더) |
| 안개 | 雾 wù (우) | | 양고기 | 羊肉 yáng ròu (양 러우) |
| 안경 | 眼镜 yǎn jìng (옌 찡) | | 양말 | 袜子 wà zi (와 즈) |
| 안내 데스크 | 询问处 xún wèn chù (쉰 원 츄ˊ) | | 양파 | 洋葱 yáng cōng (양 총) |
| 안내 책자 | 小册子 xiǎo cè zi (샤오 처 즈) | | 어깨 | 肩膀 jiān bǎng (찌엔 방) |
| 안내원 | 接待员 jiē dài yuán (찌에 따이 위엔) | | 어느 것 | 哪一个 nǎ yī ge (나 이 거) |
| 안내자 | 导游 dǎo yóu (다오 여우) | | 어느 날 | 有一天 yǒu yì tiān (여우 이 티엔) |
| 안으로 | 向里 xiàng lǐ (씨앙 울리) | | 어느 것 | 哪个 nǎ ge (나 거) |
| 안전하게 | 安全地 ān quán de (안 취엔 더) | | 어두운 | 黑暗的 hēi àn de (헤이 안 더) |
| 안전한 | 安全地 ān quán de (안 취엔 더) | | 어디 | 哪里 nǎ lǐ (나 울리) |

| | | | |
|---|---|---|---|
| 어디든지 | 任何地方 rèn hé dì fāng (런 허 띠 팡) | 여기 | 这里 zhè lǐ (쩌`을리) |
| 어떤 which | 哪个 nǎ ge (나 거) | 여러분 | 大家 dà jiā (따 찌아) |
| 어떤 what | 什么 shén me (션`머) | 여름 | 夏天 xià tiān (씨아 티엔) |
| 어떻게 | 怎样 zěn yàng (전 양) | 여성 | 女性 nǚ xìng (뉘 씽) |
| 어려운 hard | 难的 nán de (난 더) | 여자 | 女人 nǚ rén (뉘 런) |
| 어려운 difficult | 困难的 kùn nán de (쿤 난 더) | 여자 친구 | 女朋友 nǚ péng you (뉘 펑 여우) |
| 어른 | 成人 chéng rén (청`런) | 여자 형제 | 姐妹 jiě mèi (지에 메이) |
| 어리석은 | 笨的 bèn de (뻔 더) | 여전히 | 仍然 réng rán (렁 란) |
| 어제 | 昨天 zuó tiān (주어 티엔) | 여행 | 旅行 lǚ xíng (을뤼 싱) |
| 어쨌든 | 反正 fǎn zhèng (판`쩡`) | 역 | 车站 chē zhàn (쳐`짠`) |
| 언어 | 语言 yǔ yán (위 옌) | 역사 | 历史 lì shǐ (을리 스`) |
| 언제 | 什么时候 shén me shí hou (션`머 스`허우) | 연극 | 话剧 huà jù (화 쮜) |
| 언제든지 | 任何时候 rèn hé shí hou (런 허 스`허우) | 연기 | 烟 yān (옌) |
| 언젠가 | 有一天 yǒu yì tiān (여우 이 티엔) | 연락하다 | 联系 lián xì (을리엔 씨) |
| 얻다 | 得到 dé dào (더 따오) | 연습 | 练习 liàn xí (을리엔 시) |
| 얼굴 | 脸 liǎn (을리엔) | 연인 | 恋人 liàn rén (을리엔 런) |
| 얼음 | 冰块 bīng kuài (삥 콰이) | 연필 | 铅笔 qiān bǐ (치엔 비) |
| 엄마 | 妈妈 mā ma (마 마) | 열다 | 开 kāi (카이) |
| 엄청난 | 伟大的 wěi dà de (웨이 따 더) | 열린 | 开着的 kāi zhe de (카이 져`더) |
| 없다 | 没有 méi yǒu (메이 여우) | 열쇠 | 钥匙 yào shi (야오 스`) |
| 에너지 | 能源 néng yuán (넝 위엔) | 열차 | 火车 huǒ chē (후어 쳐`) |
| 에스컬레이터 | 电动扶梯 diàn dòng fú tī (띠엔 똥 푸`티) | 0개 | 零个 líng gè (링 거) |
| 에스프레소 | 浓缩咖啡 nóng suō kā fēi (농 쑤어 카 페이) | 영리하게 | 聪明地 cōng míng de (총 밍 더) |
| 에어컨 | 空调 kōng tiáo (콩 탸오) | 영리한 | 聪明的 cōng míng de (총 밍 더) |
| 엑스트라 베드 | 加床 jiā chuáng (찌아 추`앙) | 영수증 | 发票 fā piào (파`퍄오) |
| 엘리베이터 | 电梯 diàn tī (띠엔 티) | 영원히 | 永远 yǒng yuǎn (용 위엔) |
| 여권 | 护照 hù zhào (후 짜오) | 영화 | 电影 diàn yǐng (띠엔 잉) |

| 영화관 | 电影院 diàn yǐng yuàn (띠엔 잉 위엔) | 와이셔츠 | 衬衫 chèn shān (쳔 산) |
|---|---|---|---|
| 옆 | 旁边 páng biān (팡 삐엔) | 와인 | 葡萄酒 pú táo jiǔ (푸 타오 지우) |
| 예 | 例子 lì zi (율리 즈) | 와플 | 华夫饼 huá fū bǐng (화 푸 빙) |
| 예쁜 | 漂亮的 piào liang de (퍄오 량 더) | 완결된 | 完结的 wán jié de (완 지에 더) |
| 예술 | 艺术 yì shù (이 쓔) | 완료하다 | 完了 wán liǎo (완 울랴오) |
| 예약 | 预约 yù yuē (위 위에) | 완벽한 | 完美的 wán měi de (완 메이 더) |
| 예전에 | 以前 yǐ qián (이 치엔) | 완성하다 | 完成 wán chéng (완 청) |
| 오늘 | 今天 jīn tiān (찐 티엔) | 완전히 | 完全地 wán quán de (완 취엔 더) |
| 오다 | 来 lái (울라이) | 완전히 익힘 | 全熟的 quán shú de (취엔 슈 더) |
| 오래된 | 旧的 jiù de (찌우 더) | 왕복 여행 | 往返旅行 wǎng fǎn lǚ xíng (왕 판 울뤼 싱) |
| 오렌지 | 橙子 chéng zi (쳥 즈) | 왜 | 为什么 wèi shén me (웨이 션 머) |
| 오류 | 误差 wù chā (우 챠) | 왜냐하면 | 因为 yīn wèi (인 웨이) |
| 오른쪽 | 右边 yòu biān (여우 삐엔) | 외국의 | 国外的 guó wài de (구어 와이 더) |
| 오른쪽으로 | 向右 xiàng yòu (씨앙 여우) | 외국인 | 外国人 wài guó rén (와이 구어 런) |
| 오리고기 | 鸭肉 yā ròu (야 러우) | 외로운 | 孤单的 gū dān de (꾸 딴 더) |
| 오토바이 | 摩托车 mó tuō chē (모어 투어 쳐) | 외치다 | 叫喊 jiào hǎn (쨔오 한) |
| 오후 | 下午 xià wǔ (씨아 우) | 왼쪽 | 左边 zuǒ biān (주어 삐엔) |
| 오후에 | 在下午 zài xià wǔ (짜이 씨아 우) | 왼쪽으로 | 向左 xiàng zuǒ (씨앙 주어) |
| 온도 | 温度 wēn dù (원 뚜) | 요금 | 费用 fèi yòng (페이 용) |
| 온전한 | 完整的 wán zhěng de (완 정 더) | 요리하다 | 做饭 zuò fàn (쭈어 판) |
| 온화한 | 温和的 wēn hé de (원 허 더) | 요점 | 要点 yào diǎn (야오 디엔) |
| 옮기다 | 搬 bān (빤) | 요청 | 要求 yāo qiú (야오 치우) |
| 옳게 | 正确地 zhèng què de (쩡 취에 더) | 욕실 | 浴室 yù shì (위 쓰) |
| 옳은 | 对的 duì de (뛰이 더) | 욕조 | 浴缸 yù gāng (위 깡) |
| 옵션 | 选项 xuǎn xiàng (쉬엔 씨앙) | 용감하게 | 勇敢地 yǒng gǎn de (용 간 더) |
| 옷 | 衣服 yī fu (이 푸) | 용감한 | 勇敢的 yǒng gǎn de (용 간 더) |
| 와사비 | 山葵酱 shān kuí jiàng (싼 쿠이 찌앙) | 용서하다 | 原谅 yuán liàng (위엔 울리앙) |

| | | | |
|---|---|---|---|
| 우리 *정자 포함 | 咱们 zán men (잔 먼) | 유명한 | 有名的 yǒu míng de (여우 밍 더) |
| 우리 *정자 비포함 | 我们 wǒ men (워 먼) | 유익한 | 有益 yǒu yì (여우 이) |
| 우산 | 雨伞 yǔ sǎn (위 산) | 유일한 | 唯一 wéi yī (웨이 이) |
| 우스꽝스러운 | 搞笑的 gǎo xiào de (까오 쌰오 더) | 유자 | 柚子 yòu zi (여우 즈) |
| 우유 | 牛奶 niú nǎi (니우 나이) | 유적지 | 古迹 gǔ jī (구 찌) |
| 우체국 | 邮局 yóu jú (여우 쥐) | 유지하다 | 保持 bǎo chí (바오 츠) |
| 우편물 | 邮件 yóu jiàn (여우 찌엔) | 육지 | 陆地 lù dì (을루 띠) |
| 운이 좋다 | 幸运 xìng yùn (씽 윈) | 은 | 银 yín (인) |
| 운전 | 驾驶 jià shǐ (찌아 스) | 은행 | 银行 yín háng (인 항) |
| 운전면허증 | 驾驶证 jià shǐ zhèng (찌아 스 쩡) | 음식 | 食物 shí wù (스 우) |
| 운전사 | 司机 sī jī (쓰 찌) | 음식 배달 | 送餐 sòng cān (쏭 찬) |
| 운전하다 | 开车 kāi chē (카이 쳐) | 음악 | 音乐 yīn yuè (인 위에) |
| 울다 | 哭 kū (쿠) | 응시하다 | 盯 dīng (띵) |
| 움직이다 | 移动 yí dòng (이 똥) | 의견 | 意见 yì jiàn (이 찌엔) |
| 웃다 | 笑 xiào (쌰오) | 의미 | 意思 yì si (이 스) |
| 원래의 | 原来的 yuán lái de (위엔 올라이 더) | 의사 | 医生 yī shēng (이 썽) |
| 원피스 | 连衣裙 lián yī qún (을리엔 이 췬) | 의사소통 | 沟通 gōu tōng (꺼우 퉁) |
| 월 | 月 yuè (위에) | 의심하다 | 怀疑 huái yí (화이 이) |
| 월요일 | 星期一 xīng qī yī (씽 치 이) | 의자 | 椅子 yǐ zi (이 즈) |
| 위로 | 向上 xiàng shàng (씨앙 쌍) | 이 | 这 zhè (쩌) |
| 위스키 | 威士忌酒 wēi shì jì jiǔ (웨이 쓰 찌 지우) | 이것 | 这个 zhè ge (쩌 거) |
| 위층 | 楼上 lóu shàng (을러우 쌍) | 이기다 | 赢 yíng (잉) |
| 위치 | 位置 wèi zhi (웨이 즈) | 이기적인 | 自私的 zì sī de (쯔 쓰 더) |
| 위태롭게 | 危险地 wēi xiǎn de (웨이 시엔 더) | 이런 | 这种 zhè zhǒng (쩌 종) |
| 위험 | 危险 wēi xiǎn (웨이 시엔) | 이륙하다 | 起飞 qǐ fēi (치 페이) |
| 위험한 | 危险的 wēi xiǎn de (웨이 시엔 더) | 일찍 | 早的 zǎo de (자오 더) |
| 유리하다 | 有利 yǒu lì (유 율리) | 이름 | 名字 míng zi (밍 즈) |

| | | | |
|---|---|---|---|
| 이메일 | 电子邮件 diàn zǐ yóu jiàn (띠엔 즈 여우 찌엔) | 일정 | 日程 rì chéng (르 청ʳ) |
| 이모 | 姨母 yí mǔ (이 무) | 일찍 | 早 zǎo (자오) |
| 이미 | 已经 yǐ jīng (이 징) | 1층 | 一楼 yī lóu (이 울러우) |
| 이번 주에 | 这周 zhè zhōu (쩌ʳ 쩌ʳ우) | 일하다 | 工作 gōng zuò (꽁 쭈어) |
| 이번에 | 这次 zhè cì (쩌ʳ 츠) | 읽다 | 读 dú (두) |
| 이불 | 被子 bèi zi (뻬이 즈) | 잃다 | 丢 diū (띠우) |
| 이상한 | 奇怪的 qí guài de (치 꽈이 더) | 임대하다 | 出租 chū zū (츄ʳ 쭈) |
| 이야기 | 故事 gù shi (꾸 스ʳ) | 입 | 嘴 zuǐ (쭈이) |
| 이야기하다 | 讲 jiǎng (지앙) | 입구 | 入口 rù kǒu (루 커우) |
| 이용할 수 있는 | 可用的 kě yòng de (커 용 더) | 입다 | 穿 chuān (추ʳ안) |
| 이웃 | 邻居 lín jū (을린 쮜) | 입장료 | 入场费 rù chǎng fèi (루 창ʳ 페이) |
| 이유 | 理由 lǐ yóu (을리 여우) | 입장하다 | 进入 jìn rù (찐 루) |
| 이익 | 利益 lì yì (을리 이) | 있다 *자동사 | 在 zài (짜이) |
| 이전의 | 之前的 zhī qián de (쯔ʳ 치엔 더) | 있다 *형용사 | 有 yǒu (여우) |
| 이쪽 | 这边 zhè biān (쩌ʳ 삐엔) | 잊다 | 忘记 wàng jì (왕 찌) |
| 이해하다 | 理解 lǐ jiě (을리 지에) | **ㅈ** | |
| 이혼 | 离婚 lí hūn (을리 훈) | 자동차 | 汽车 qì chē (치 쳐ʳ) |
| 인기 있는 | 受欢迎的 shòu huān yíng de (쎠ʳ우 환 잉 더) | 자랑스러운 | 自豪的 zì háo de (쯔 하오 더) |
| 인내심 있는 | 有耐心的 yǒu nài xīn de (여우 나이 씬 더) | 자르다 | 剪 jiǎn (지엔) |
| 인도하다 | 导游 dǎo yóu (다오 여우) | 자몽 | 西柚 xī yòu (씨 여우) |
| 인사 | 问候 wèn hòu (원 허우) | 자연스럽게 | 自然地 zì rán de (쯔 란 더) |
| 인터넷 | 互联网 hù lián wǎng (후 울리엔 왕) | 자유 | 自由 zì yóu (쯔 여우) |
| 일기 | 日记 rì jì (르 찌) | 자유롭게 | 自由的 zì yóu de (쯔 여우 더) |
| 일반적으로 | 通常地 tōng cháng de (통 창ʳ 더) | 자전거 | 自行车 zì xíng chē (쯔 싱 쳐ʳ) |
| 일부 | 部分 bù fen (뿌 펀ʳ) | 자주 | 常常 cháng cháng (창ʳ 창ʳ) |
| 일어나다 | 起来 qǐ lái (치 을라이) | 작가 | 作家 zuò jiā (쭈어 찌아) |
| 일요일 | 星期天 xīng qī tiān (씽 치 티엔) | 작은 | 小的 xiǎo de (샤오 더) |

| | | | | |
|---|---|---|---|---|
| 잘 | 好 hǎo (하오) | 적은 | 少的 shǎo de (사오 더) |
| 잘 알다 | 熟悉 shú xī (슈'씨) | 전기 | 电力 diàn lì (띠엔 율리) |
| 잘 익힘 | 七分熟的 qī fēn shú de (치 편'슈' 더) | 전등 | 电灯 diàn dēng (띠엔 떵) |
| 잘못 | 错 cuò (추어) | 전부 | 全部 quán bù (취엔 뿌) |
| 잘생긴 | 帅的 shuài de (쓔'아이 더) | 전쟁 | 战争 zhàn zhēng (짠'쩡') |
| 잠그다 | 锁 suǒ (수어) | 전적으로 | 完全 wán quán (완 취엔) |
| 잠이 깨다 | 醒来 xǐng lái (싱 율라이) | 전체적으로 | 全部地 quán bù de (취엔 뿌 더) |
| 잠자다 | 睡觉 shuì jiào (쒜'이 쨔오) | 전화 | 电话 diàn huà (띠엔 화) |
| 잡고 있다 | 拿 ná (나) | 전화하다 | 打电话 dǎ diàn huà (다 띠엔 화) |
| 잡다 | 抓 zhuā (쮜'아) | 절대 | 绝对 jué duì (쥐에 뚸이) |
| 잡지 | 杂志 zá zhì (자 쯔') | 젊은 | 年轻的 nián qīng de (니엔 칭 더) |
| 장갑 | 手套 shǒu tào (셔'우 타오) | 점검하다 | 检查 jiǎn chá (지엔 챠') |
| 장난감 | 玩具 wán jù (완 쮜) | 점수 | 分数 fēn shù (편'쓔') |
| 장소 | 地方 dì fāng (띠 팡') | 점심 식사 | 午餐 wǔ cān (우 찬) |
| 장신구 | 首饰 shǒu shi (셔'우 스') | 점심시간 | 午餐时间 wǔ cān shí jiān (우 찬 스'찌엔) |
| 재검토하다 | 复查 fù chá (푸'챠') | 접시 | 盘子 pán zi (판 즈) |
| 재미있는 | 有趣的 yǒu qù de (여우 취 더) | 접촉 | 接触 jiē chù (찌에 츄') |
| 재킷 | 夹克 jiā kè (찌아 커) | 젓가락 | 筷子 kuài zi (콰이 즈) |
| 저 | 那 nà (나) | 정거장 | 车站 chē zhàn (쳐'짠') |
| 저것 | 那个 nà ge (나 거) | 정말로 | 真的 zhēn de (쩐'더) |
| 저기 | 那里 nà lǐ (나 울리) | 정보 | 消息 xiāo xi (쌰오 시) |
| 저녁 | 傍晚 bàng wǎn (빵 완) | 정신 | 精神 jīng shén (찡 션') |
| 저녁 식사 | 晚餐 wǎn cān (완 찬) | 정장 | 西装 xī zhuāng (씨 쮜'앙) |
| 저녁에 | 在晚上 zài wǎn shàng (짜이 완 쌍') | 정확하게 | 正确的 zhèng què de (쩡 치에 더) |
| 저런 | 那样 nà yàng (나 양) | 정확한 | 准确的 zhǔn què de (준'취에 더) |
| 저분 | 那位 nà wèi (나 웨이) | 젖은 | 湿的 shī de (쓰'더) |
| 저쪽 | 那边 nà biān (나 삐엔) | 제거하다 | 去除 qù chú (취 츄') |

| 제공하다 | 提供 tí gōng (티 꽁) | 주요한 | 主要的 zhǔ yào de (쥬ʳ 야오 더) |
|---|---|---|---|
| 제의 | 提议 tí yì (티 이) | 주유소 | 加油站 jiā yóu zhàn (찌아 여우 짠ʳ) |
| 조각품 | 雕像 diāo xiàng (따오 샤앙) | 주의 깊은 | 仔细的 zǐ xì de (즈 씨 더) |
| 조금 | 一点 yì diǎn (이 디엔) | 주차 | 停车 tíng chē (팅 쳐ʳ) |
| 조림 | 熬 áo (아오) | 주황색 | 橘色 jú sè (쥐 써) |
| 조심스럽게 | 小心地 xiǎo xīn de (샤오 씬 더) | 죽다 | 死 sǐ (스) |
| 조언 | 忠告 zhōng gào (쭝ʳ 까오) | 죽은 | 死的 sǐ de (스 더) |
| 조용한 | 安静的 ān jìng de (안 찡 더) | 죽음 | 死亡 sǐ wáng (스 왕) |
| 조용히 | 安静地 ān jìng de (안 찡 더) | 죽이다 | 杀死 shā sǐ (싸ʳ 스) |
| 조종 | 控制 kòng zhì (콩 쯔ʳ) | 준비가 된 | 准备好的 zhǔn bèi hǎo de (준ʳ 뻬이 하오 더) |
| 좁은 | 窄的 zhǎi de (쟈ʳ이 더) | 준비하다 | 准备 zhǔn bèi (준ʳ 뻬이) |
| 종류 | 种类 zhǒng lèi (종ʳ 을레이) | 중간 정도 익힘 | 五分熟的 wǔ fēn shú de (우 펀 슈ʳ 더) |
| 종업원 | 服务员 fú wù yuán (푸ʳ 우 위엔) | 중요성 | 重要性 zhòng yào xìng (쫑ʳ 야오 씽) |
| 종이 | 纸 zhǐ (즈ʳ) | 중요한 | 重要的 zhòng yào de (쫑ʳ 야오 더) |
| 좋다 *형용사 | 好 hǎo (하오) | 즉시 | 立刻 lì kè (을리 커) |
| 좋아 *감탄사 | 好的 hǎo de (하오 더) | 즐거운 | 开心的 kāi xīn de (카이 씬 더) |
| 좋아하다 | 喜欢 xǐ huan (시 환) | 즐거움 | 乐趣 lè qù (을러 취) |
| 좋은 | 不错 bú cuò (부 추어) | 지갑 | 钱包 qián bāo (치엔 빠오) |
| 좌석 | 座位 zuò wei (쭈어 웨이) | 지금 | 现在 xiàn zài (씨엔 짜이) |
| 주 | 周 zhōu (쩌ʳ우) | 지난번에 | 上次 shàng cì (쌍ʳ 츠) |
| 주다 | 给 gěi (게이) | 지난주에 | 上周 shàng zhōu (쌍ʳ 쩌ʳ우) |
| 주로 | 主要 zhǔ yào (쥬ʳ 야오) | 지다 | 输 shū (쓔ʳ) |
| 주말 | 周末 zhōu mò (쩌ʳ우 모어) | 지도 | 地图 dì tú (띠 투) |
| 주문 | 点菜 diǎn cài (디엔 차이) | 지도자 | 领导者 lǐng dǎo zhě (올링 다오 져ʳ) |
| 주문하다 | 订餐 dìng cān (띵 찬) | 지루한 | 无聊的 wú liáo de (우 을랴오 더) |
| 주소 | 地址 dì zhǐ (띠 즈ʳ) | 지름길 | 捷径 jié jìng (지에 찡) |
| 주스 | 果汁 guǒ zhī (구어 쯔ʳ) | 지불하다 | 付钱 fù qián (푸ʳ 치엔) |

| | | | |
|---|---|---|---|
| 지붕 | 屋顶 wū dǐng (우 딩) | 창문 | 窗户 chuāng hù (추앙 후) |
| 지우개 | 橡皮 xiàng pí (씨앙 피) | 창조적으로 | 创造性地 chuàng zào xìng de (추앙 짜오 씽 더) |
| 지지하다 | 支持 zhī chí (쯔 츠) | 창조적인 | 创造性的 chuàng zào xìng de (추앙 짜오 씽 더) |
| 지하 | 地下 dì xià (띠 씨아) | 찾다 | 找 zhǎo (쟈오) |
| 지하철 | 地铁 dì tiě (띠 티에) | 채우다 | 装满 zhuāng mǎn (쭈앙 마안) |
| 지혜로운 | 智慧的 zhì huì de (쯔 후이 더) | 책 | 书 shū (쓔) |
| 직업 | 职业 zhí yè (즈 예) | 책상 | 桌子 zhuō zi (쮸어 즈) |
| 직접 | 直接地 zhí jiē de (즈 찌에 더) | 처음에는 | 起初 qǐ chū (치 츄) |
| 진실 | 真相 zhēn xiàng (쩐 씨앙) | 처음으로 | 第一次 dì yī cì (띠 이 츠) |
| 진실로 | 真实的 zhēn shí de (쩐 스 더) | 책임자 | 经理 jīng lǐ (찡 울리) |
| 진지하게 | 认真地 rèn zhēn de (런 쩐 더) | 천장 | 天花板 tiān huā bǎn (티엔 화 반) |
| 진짜 | 真的 zhēn de (쩐 더) | 천재 | 天才 tiān cái (티엔 차이) |
| 질병 | 疾病 jí bìng (지 삥) | 철야 | 彻夜 chè yè (쳐 예) |
| 짐 | 行李 xíng li (싱 울리) | 청바지 | 牛仔裤 niú zǎi kù (니우 자이 쿠) |
| 집 house | 房屋 fáng wū (팡 우) | 청소하다 | 打扫 dǎ sǎo (다 사오) |
| 집 home | 家 jiā (찌아) | 체리 | 樱桃 yīng táo (잉 타오) |
| 집게 | 钳子 qián zi (치엔 즈) | 체육관 | 体育馆 tǐ yù guǎn (티 위 관) |
| 집중하다 | 集中 jí zhōng (지 쫑) | 체중 | 体重 tǐ zhòng (티 쫑) |
| 짝 | 伙伴 huǒ bàn (후어 빤) | 체크 아웃 | 退房 tuì fáng (퉈이 팡) |
| 짠맛의 | 咸的 xián de (시엔 더) | 체크인 | 登记 dēng jì (떵 찌) |
| 짧은 | 短的 duǎn de (두안 더) | 초 | 秒 miǎo (먀오) |
| 쪽 | 页 yè (예) | 초대장 | 邀请函 yāo qǐng hán (야오 칭 한) |
| 찜 | 蒸 zhēng (쩡) | 초록색 | 绿色 lǜ sè (울뤼 써) |
| **ㅊ** | | 초콜릿 | 巧克力 qiǎo kè lì (챠오 커 울리) |
| 차다 | 踢 tī (티) | 최고의 | 最好的 zuì hǎo de (쮀이 하오 더) |
| 차이 | 差异 chā yì (챠 이) | 최근에 | 最近 zuì jìn (쮀이 찐) |
| 창가 석 | 靠窗座位 kào chuāng zuò wèi (카오 추앙 쭈어 웨이) | 최초의 | 最初 zuì chū (쮀이 츄) |

| | | | | |
|---|---|---|---|---|
| 추가의 | 附加的 fù jiā de (푸 찌아 더) | 카페 모카 | 摩卡咖啡 mó kǎ kā fēi (모어 카 카 페이) |
| 축구 | 足球 zú qiú (주 치우) | 카펫 | 地毯 dì tǎn (띠 탄) |
| 축제 | 庆典 qìng diǎn (칭 디엔) | 카푸치노 | 卡布奇诺 kǎ bù qí nuò (카 뿌 치 누어) |
| 출구 | 出口 chū kǒu (추 커우) | 칵테일 | 鸡尾酒 jī wěi jiǔ (찌 웨이 지우) |
| 출국하다 | 离境 lí jìng (을리 찡) | 칼 | 刀 dāo (따오) |
| 출발 | 出发 chū fā (추 파) | 캐리어 가방 | 行李箱 xíng lǐ xiāng (싱 울리 샹) |
| 춤 | 跳舞 tiào wǔ (탸오 우) | 커튼 | 窗帘 chuāng lián (추앙 울리엔) |
| 충격적인 | 令人震惊的 lìng rén zhèn jīng de (울링 런 쩐 찡 더) | 커플 | 情侣 qíng lǚ (칭 울뤼) |
| 충돌 | 碰撞 pèng zhuàng (펑 쮸앙) | 커피 | 咖啡 kā fēi (카 페이) |
| 충분한 | 充分的 chōng fèn de (총 펀 더) | 컴퓨터 | 电脑 diàn nǎo (띠엔 나오) |
| 충분히 | 充分地 chōng fèn de (총 펀 더) | 컵 | 杯子 bēi zi (뻬이 즈) |
| 취미 | 爱好 ài hào (아이 하오) | 케이크 | 蛋糕 dàn gāo (딴 까오) |
| 치료 | 治疗 zhì liáo (쯔 울랴오) | 케첩 | 番茄酱 fān qié jiàng (판 치에 찌앙) |
| 치마 | 裙子 qún zi (췬 즈) | 켜다 | 打开 dǎ kāi (다 카이) |
| 치아 | 牙齿 yá chǐ (야 츠) | 코 | 鼻子 bí zi (비 즈) |
| 치즈 | 奶酪 nǎi lào (나이 울라오) | 코코넛 | 椰子 yē zi (예 즈) |
| 친구 | 朋友 péng you (펑 여우) | 코트 | 大衣 dà yī (따 이) |
| 친절한 | 亲切的 qīn qiè de (친 치에 더) | 콜라 | 可乐 kě lè (커 울러) |
| 칠리소스 | 辣酱油 là jiàng yóu (울라 찌앙 여우) | 콩 | 豆 dòu (떠우) |
| 침대 | 床 chuáng (추앙) | 크기 | 大小 dà xiǎo (따 샤오) |
| 침대 커버 | 床罩 chuáng zhào (추앙 쨔오) | 큰 | 大的 dà de (따 더) |
| 침실 | 卧室 wò shì (워 쓰) | 큰 소리로 | 大声地 dà shēng de (따 썽 더) |
| **ㅋ** | | 큰길 | 大街 dà jiē (따 찌에) |
| 카드 | 卡 kǎ (카) | 클럽 | 夜总会 yè zǒng huì (예 종 후이) |
| 카테고리 | 分类 fēn lèi (펀 울레이) | 키가 작은 | 个矮的 gè ǎi de (꺼 아이 더) |
| 카페 | 咖啡厅 kā fēi tīng (카 페이 팅) | 키가 큰 | 个高的 gè gāo de (꺼 까오 더) |
| 카페 라테 | 拿铁咖啡 ná tiě kā fēi (나 티에 카 페이) | 키스하다 | 接吻 jiē wěn (찌에 원) |

| | | | |
|---|---|---|---|
| 키위 | 奇异果 qí yì guǒ (치 이 구어) | 파란색 | 蓝色 lán sè (을란 써) |
| **ㅌ** | | 파스타 | 意大利面 yì dà lì miàn (이 따 울리 미엔) |
| 타다 | 骑 qí (치) | 파인애플 | 凤梨 fèng lí (펑ʹ울리) |
| 타르타르 소스 | 塔塔酱 tǎ tǎ jiàng (타 타 찌앙) | 파일 | 档案 dàng àn (땅 안) |
| 타이트하다 | 紧的 jǐn de (진 더) | 파트너 | 搭档 dā dàng (따 땅) |
| 탁자 | 餐桌 cān zhuō (찬 쮜ʹ어) | 파티 | 派对 pài duì (파이 뛔이) |
| 탑 | 塔 tǎ (타) | 파파야 | 木瓜 mù guā (무 꽈) |
| 태양 | 太阳 tài yáng (타이 양) | 판단하다 | 判断 pàn duàn (판 뚜안) |
| 택시 | 出租车 chū zū chē (츄ʹ쭈 쳐ʹ) | 판매 | 销售 xiāo shòu (쌰오 셔ʹ우) |
| 텅 빈 | 空的 kōng de (콩 더) | 팔 | 胳膊 gē bo (꺼 보 어) |
| 테니스 | 网球 wǎng qiú (왕 치우) | 팔다 | 卖 mài (마이) |
| 테킬라 | 龙舌兰酒 lóng shé lán jiǔ (을롱 셔ʹ 울란 지우) | 팔찌 | 手镯 shǒu zhuó (셔ʹ우 쥬ʹ어) |
| 텔레비전 | 电视 diàn shì (띠엔 쓰ʹ) | 패션 | 时尚 shí shàng (스ʹ 쌍) |
| 토마토 | 西红柿 xī hóng shì (씨 홍 쓰ʹ) | 패스트푸드 | 快餐 kuài cān (콰이 찬) |
| 토스트 | 吐司 tǔ sī (투 쓰) | 펜 | 笔 bǐ (비) |
| 토요일 | 星期六 xīng qī liù (씽 치 울리우) | 편지 | 信 xìn (씬) |
| 통과하다 | 通过 tōng guò (통 꾸어) | 편한 | 舒服的 shū fu de (슈ʹ 푸ʹ 더) |
| 튀김 | 炸 zhá (쟈ʹ) | 포도 | 葡萄 pú táo (푸 타오) |
| 트렁크 | 后备箱 hòu bèi xiāng (허우 뻬이 씨앙) | 포크 | 叉 chā (챠ʹ) |
| 트윈 침대 | 两张单人床 liǎng zhāng dān rén chuáng (을리앙 쨩ʹ 딴 런 추ʹ앙) | 포함하다 | 包含 bāo hán (빠오 한) |
| 특별한 | 特别的 tè bié de (터 비에 더) | 표 | 票 piào (퍄오) |
| 특히 | 尤其 yóu qí (여우 치) | 표시 | 记号 jì hào (찌 하오) |
| 틀린 | 错的 cuò de (추어 더) | 푸딩 | 布丁 bù dīng (뿌 띵) |
| 틈 | 缝隙 fèng xì (펑ʹ 씨) | 품목 | 品目 pǐn mù (핀 무) |
| 티셔츠 | T恤 T xù (T 쒸) | 프런트데스크 | 前台 qián tái (치엔 타이) |
| 팀 | 队 duì (뛔이) | 피 | 血 xiě (시에) |
| **ㅍ** | | 피곤한 | 累的 lèi de (을레이 더) |

| | | | | | |
|---|---|---|---|---|---|
| 피자 | 比萨 bǐ sà (비 싸) | | 해변 | 海滩 hǎi tān (하이 탄) |
| 피해 | 损害 sǔn hài (순 하이) | | 햄버거 | 汉堡 hàn bǎo (한 바오) |
| 필름 | 胶片 jiāo piàn (짜오 피엔) | | 행동 | 行为 xíng wéi (싱 웨이) |
| 필요 없는 | 不需要的 bù xū yào de (부 쒸 야오 더) | | 행동을 취하다 | 行动 xíng dòng (싱 똥) |
| 필요하다 | 需要 xū yào (쒸 야오) | | 행복하게 | 快乐地 kuài lè de (콰이 울러 더) |
| 필요한 | 需要的 xū yào de (쒸 야오 더) | | 행복한 | 幸福的 xìng fú de (씽 푸ᐟ 더) |
| **ㅎ** | | | 행운 | 幸运 xìng yùn (씽 윈) |
| 하는 동안 | 时候 shí hou (스ᐟ 허우) | | 향기 | 香气 xiāng qì (씨앙 치) |
| 하나의 | 单一的 dān yī de (딴 이 더) | | 향수 | 香水 xiāng shuǐ (씨앙 쉐ᐟ이) |
| 하늘 | 天空 tiān kōng (티엔 콩) | | 허리 | 腰 yāo (야오) |
| 하다 | 干 gàn (깐) | | 허비하다 | 白费 bái fèi (바이 페ᐟ이) |
| 하루 | 一天 yī tiān (이 티엔) | | 헤어지다 | 分手 fēn shǒu (펀ᐟ 셔우) |
| 학교 | 学校 xué xiào (쉬에 쌰오) | | 현금 | 现金 xiàn jīn (씨엔 찐) |
| 학생 | 学生 xué sheng (쉬에 셩ᐟ) | | 현명하게 | 明智地 míng zhì de (밍 쯔ᐟ 더) |
| 한 번 | 一次 yī cì (이 츠) | | 현재 | 现在 xiàn zài (씨엔 짜이) |
| 한가한 | 悠闲的 yōu xián de (여우 시엔 더) | | 호수 | 湖 hú (후) |
| 할머니 | 奶奶 nǎi nai (나이 나이) | | 호의 | 好意 hǎo yì (하오 이) |
| 할아버지 | 爷爷 yé ye (예 예) | | 호텔 | 酒店 jiǔ diàn (지우 띠엔) |
| 할인 | 折扣 zhé kòu (져ᐟ 커우) | | 혼자 | 单独 dān dú (딴 두) |
| 함께 | 一起 yì qǐ (이 치) | | 혼합 | 混合 hùn hé (훈 허) |
| 합계 | 总计 zǒng jì (종 찌) | | 화나다 | 生气 shēng qì (셩ᐟ 치) |
| 합류하다 | 加入 jiā rù (찌아 루) | | 화산 | 火山 huǒ shān (후어 싼ᐟ) |
| 합법적인 | 合法的 hé fǎ de (허 파ᐟ 더) | | 화요일 | 星期二 xīng qī èr (씽 치 얼) |
| 핫초코 | 热巧克力 rè qiǎo kè lì (러 챠오 커 울리) | | 화이트와인 | 白葡萄酒 bái pú táo jiǔ (바이 푸 타오 지우) |
| 항상 | 总是 zǒng shì (종 쓰ᐟ) | | 화장실 | 洗手间 xǐ shǒu jiān (시 셔우 찌엔) |
| 해 | 年 nián (니엔) | | 화장지 | 卫生纸 wèi shēng zhǐ (웨이 셩ᐟ 즈ᐟ) |
| 해결책 | 解决方案 jiě jué fāng àn (지에 쥐에 팡ᐟ 안) | | 화장품 | 化妆品 huà zhuāng pǐn (화 쭈앙 핀) |

| | | | | |
|---|---|---|---|---|
| 화창한 | 晴朗的 qíng lǎng de (칭 울랑 더) | | 흥분시키는 | 使人兴奋的 shǐ rén xīng fèn de (스「런 씽 펀「더) |
| 화해하다 | 和好 hé hǎo (허 하오) | | 희망 | 希望 xī wàng (씨 왕) |
| 확실하게 | 无疑地 wú yí de (우 이 더) | | 흰색 | 白色 bái sè (바이 써) |
| 확실한 | 确实 què shí (취에 스「) | | 힘 | 力量 lì liang (울리 울리앙) |
| 확인하다 | 确认 què rèn (취에 런) | | | |
| 환경 | 环境 huán jìng (환 찡) | | | |
| 환불하다 | 退还 tuì huán (퉈이 환) | | | |
| 환율 | 汇率 huì lǜ (후이 울뤼) | | | |
| 환자 | 病人 bìng rén (삥 런) | | | |
| 활동 | 活动 huó dòng (후어 뚱) | | | |
| 회복하다 | 恢复 huī fù (후이 푸「) | | | |
| 회사 | 公司 gōng sī (꿍 쓰) | | | |
| 회색 | 灰色 huī sè (후이 써) | | | |
| 회의 | 会议 huì yì (후이 이) | | | |
| 효과적인 | 有效的 yǒu xiào de (여우 쌰오 더) | | | |
| 후추 | 胡椒 hú jiāo (후 쨔오) | | | |
| 후회하다 | 后悔 hòu huǐ (허우 후이) | | | |
| 훈련 | 训练 xùn liàn (쒼 울리엔) | | | |
| 훌륭하다 | 优秀 yōu xiù (여우 씨우) | | | |
| 훔치다 | 偷 tōu (터우) | | | |
| 휘핑크림 | 掼奶油 guàn nǎi yóu (꽌 나이 여우) | | | |
| 휴가 | 假期 jià qī (찌아 치) | | | |
| 휴대폰 | 手机 shǒu jī (셔「우 찌) | | | |
| 휴식 시간 | 休息时间 xiū xi shí jiān (씨우 시 스「찌엔) | | | |
| 휴일 | 假日 jià rì (찌아 르) | | | |
| 흐린 | 阴天的 yīn tiān de (인 티엔 더) | | | |
| 흔한 | 普通的 pǔ tōng de (푸 통 더) | | | |

# 1등 중국어 단어장

**1판 1쇄** 2024년 2월 1일

**저    자** Mr. Sun 어학연구소
**펴 낸 곳** OLD STAIRS
**출판 등록** 2008년 1월 10일 제313-2010-284호
**이 메 일** oldstairs@daum.net

가격은 뒷면 표지 참조
ISBN 979-11-7079-015-0

## 공통안전기준 표시사항

· **품명** : 도서          · **재질** : 지류
· **제조자명** : Oldstairs          · **제조국명** : 대한민국
· **제조연월** : 2024년 2월
· **주소** : 서울특별시 마포구 양화로12길 24, 4층
· **KC인증유형** : 공급자적합성확인

KC마크는 이 제품이 공통안전기준에 적합하였음을 의미합니다.
책 모서리에 찍히거나 책장에 베이지 않게 조심하세요.